陪你找出路

生涯規劃工作者手冊

陪你找出路——生涯規劃工作者手冊
作者／何玉芬
策劃編輯／伍詠慈
美術設計／鄺穎殷
出版發行／突破出版社
香港沙田亞公角山路33號突破青年村
電話：2632 0000　傳真：2632 0388
電郵：breakthrough@breakthrough.org.hk
網址：http://www.breakthrough.org.hk
http://www.btproduct.com
承印／海洋印務
2020年2月初版1刷

Be Your Company: A Handbook for Career and Life Planning Education Practitioners
by Dr. Ho Yuk Fan, Esther
First Printing, First Edition, February 2020

Printed in Hong Kong
ISBN 978-988-8562-16-9

誠邀閣下就突破出版社的書籍發表意見
歡迎加入突破書籍 Facebook page — http://www.facebook.com/btbooks.page
本書採用環保油墨印刷

栽培新一代

年輕的心 驛動卻美麗

認識 貼近

關愛 同行

建造新一代更動人的生命

目錄

第二部分：誰是孩子的生涯規劃導師？

第三部分：在不同階段上同行

推介文

Esther（何玉芬博士）又有新書出版，她說希望我能參與，寫幾句文字，我樂而為之。

Esther 說我是她的「生涯啟導者」，那實在客氣。只不過在 1999 年，當時我為「協會」主席，因緣際會，到她任教的迦密中學中六、七升學家長講座演講，並認識了她；發覺她對升學輔導態度積極認真，對人真摯，而我相信 "one's attitude determines one's altitude"（一個人的態度決定一個人的成就。），遂邀請她加入「香港輔導教師協會」作委員，之後經過短時間考驗，作副主席以至主席。

Esther 在校就任副校長，在「協會」就任委員以至主席這段時間，她已把握到「時代的脈搏」，洞悉香港會朝向「生涯規劃」，邁進這個大趨勢；故此立定目標，全力推動「個人生涯規劃」這個計劃。

她先自我增值，不怕艱辛，完成「教育碩士」、「教育博士」學位，然後與香港學者、專業人士、資深輔導老師，不辭勞苦，編寫大量適合香港學制的生涯規劃工具書，兼默默主持過百場相關培訓工作坊。她坐言起行，令人欽佩，亦不禁令我想起詩人杜甫著名的詩句：「好雨知時節，當春乃發生。隨風潛入夜，潤物細無聲。」

我舉出 Esther 的「故事」，是想引證她在書中指出生涯規劃的「六個階段循環」，在她的身上，是行得通的，"It works! "。既然如此，只要你認真執行個人化的「生涯規劃」六個循環，也一樣 work 的！

Esther 在書中說得好：「生涯規劃」就是對未來思考、行動探索方向的過程；只要我們不甘於完全被環境和既有制度支配，只要我們相信自己能參加人生藍圖或多或少部分，我們就要以勇氣和理性作抉擇。

任何人要把前途操於自己手上，便需要「生涯規劃」；學習的方法，一是找個好 mentor（良師益友），一是讀一本好書，而細心閱讀《陪你找出路》應該是一個兩全其美的開始。

趙榮德先生

香港輔導教師協會榮譽顧問、前喇沙書院副校長

「生涯規劃」是人對自我畢生的探索。但這概念既「人人都懂」又「人人都不懂」。其實香港在生涯規劃教育的發展，一點都不比大中華地區、以至鄰近的亞洲國家遜色。何玉芬博士多年來活躍於學生輔導的最前線。她以經驗、睿智和淵博的學識，總結了本地如何把生涯規劃做得有形有神。對前線老師來講，這是一本武林秘笈；對普羅大眾讀者而言，本書更展現了本地老師的專業和對年輕人成長的委身。

曾志滔副校長

香港輔導教師協會主席、英華書院副校長

莊子：「吾生有涯」是說人生是有限的。光陰易逝，若能在這有限的「生涯」中及早做好人生規劃，生活可以變得更有姿彩和意義。誠意推薦這本適合家長、教師和年輕人閱讀的書，讓我們可以更早地幫助自己、輔導別人去「揀」、去規劃未來的人生路。

李步正校長

迦密中學前校長

本書是作者在香港生涯教育多年實戰的成果。本書以三部十課深入淺出的，將生涯理論化為應用，扼要澄清重要理念，並加上真人實戰分享，全面的將生涯教育重點全然展現。何博士倡導及參與香港中學生生涯規劃及推廣教育工作，不遺餘力；她熱誠勤奮、努力不懈、真心愛護學生，是生涯規劃導師的活見證。作為 Esther 在生涯教育的同行者，本人誠意推介本書給所有關心青少年的讀者，期盼讀後加入成為同路人。

陳寶安博士

香港中文大學專業進修學院院長

時勢不易，今天要跟青年人談貼地又可行的生涯規劃，談何容易？何校長以豐富自身及教育經驗、專業研究理論、多位師長的真實生命故事及反省，抽絲剝繭、有血有肉地道出生涯規劃中的being, doing 及 being with，裏外兼備個人與社羣；人生乃是一場大冒險，站於此時此刻孕育一股勇氣與能力，以應對將來的未知和無限可能。

伍詠光先生

突破機構輔導及人際事工總監、暢銷家長書作者

序

人怎可以規劃未來？——尋找人生的可能性

香港的「生涯規劃」教育，不時受抨擊，媒體報道不時指，學生不認同有這方面的發展需要，不喜歡完成那些不知所謂的興趣測驗。為何要「強逼」他們在中學階段就落實將來的職業？

要弄清楚，生涯規劃教育不是年輕人抉擇前路的「水晶球」，念簡單的「咒語」（如：做一次興趣測驗），就得到快而準確的答案（如：測驗結果會告訴你哪些課程、職業最合適）。生涯規劃最關鍵的，是個人對自我、機會和環境持續不斷的認知和探索，選擇一條升學出路也好，加入某個行業也好；但那不是終點，是我們生涯探索歷程中的過程。不單在學的高中生，已投身社會多年的成年人，也時刻在生涯規劃的歷程中。

人生是場馬拉松

生涯的路，要比馬拉松長得多了。我們都希望年輕人選擇了一門專業後，在求學、培訓到踏足工作場景的過程中，能堅持下去。無論是師長、父母、年輕人，都不要將夢想職業、理想人生想得過度浪漫化——雖説過「生涯規劃」的「涯」不同「捱」，但想深一層，抱着「願捱」、「不怕捱」的心志才有機會成功啊！積極的心態，是把探索旅途的過程視為歷奇（Adventure），對未知的人和事開放一點，也許會有驚喜。

駕駛，是我近年才學會的事。新手階段，在市區的大小窄路也好，在高速公路也好，都是小心翼翼的，別的車有時會嫌我走得慢，一架又一架的超前，我都不會介意。日子久了，駕駛技術沒有大進，但在公路上走，感覺前頭和旁邊的車愈走愈快，我會想跟貼超前我的車，哪怕我知道它已經超速，不免心有不甘，為自己落後緊張起來。結果有一次，我因為心急險些兒闖禍！自此，駕車時不時提醒自己：前面的車、旁邊的車、超前我的車，絕大部分與我的目的地都不一樣！

我們以為別人是對手，事實上我們各有自己的目的地，大家只不過在路途的某個非常短暫的時空相遇而已，有什麼要比賽、要比較的？心態調整過後，人和車在路上都自如了。不久前，在熟悉的公路上，忽然有所領悟——從高空看道路網，縱橫交錯，四通八達，千萬架車在上面走，各有各的路線圖和終點——就如我們的人生、事業路、學習路，生涯規劃，不就是要走出個人專屬的路？贏在起跑線，不能落後於人，怕別人搶去自己的機會，在廣大多元的人生公路上，並非通用指標。

每個新學年開始，學子們又可重新上路，探索不同的可能，從中認識自己，所有的經歷，點點滴滴累積起來，塑造不斷轉化更新的「我」。在某次開學禮上，我向學生分享學校新學年的主題：「堅持做到・創造前路」——訂立目標，追尋理想，無論是關於學習的、升學的、未來職志的、個人興趣或義務工作的，什麼也可以，就是要為自己訂一個值得投入的目標，但每人要選的方向也不一樣。能否走到終點？「堅持」比「目標」本身更重要，所以是先有「堅持」，才有「前路」。

多年前，代表學校出席某區中學傑出學生選舉頒獎典禮，五個得獎者中，有四位來自傳統名校，一位來自名聲普通的中學。我對後者很好奇，因為這類比賽向來競爭激烈，得獎人多數來自第一組別的學校。但聽過那位來自普通中學的女生分享，實在令我敬佩：「由入學開始，老師已教導我們，在困難的環境、不足的個人背景和資源底下，我們要取得成果，就得比別人努力多倍！」她的說話，展現出不亢不卑、懂得感恩的精神。最近，我碰到她當年的老師，知道她順利入讀大學的中文系，以理想成績畢業，投身記者行列，也持續向專業作家的路進發。

"Passion drives us forward: commitment makes us persist." 是我送給自己和學生的話。

何玉芬

2019 年 4 月

第一部分：拆解生涯規劃迷思

「根據自己原來的樣子
審時度勢　隨機應變
選擇一種
可以安身立命的生活方式。」

——金樹人教授

第一課：
再思「生涯規劃」……

生涯不就是一生在捱？——什麼是「生涯」？

對「生涯規劃」的討論，人人都有一把聲音：有人說「生」出來就要「捱」，這種說法未免太負面。以前，我常聽老師抱怨，說學校管理層對學生升學輔導的支援極有限。近年，多了校長身體力行支持有關輔導工作，除在人手編制上加強支援，有的會親自參與不同的培訓工作坊，甚至以「生涯規劃」為學校發展的關注事項，全校參與協助學生計劃未來。「生涯規劃」愈來愈受重視，學校和社會投放在升學及就業輔導的資源對比十年前多了。

香港政府在 2014 年的《施政報告》，是為香港升學及就業輔導發展的里程碑。政府承諾鼓勵多元卓越文化，從教育、就業和全人發展三方面培育青少年，為全港不同能力、志向和教育水平的青年人，提供多元化的學習、培訓和發展機會。回應以上願景，政府除加強局內統籌學校升學輔導的人手，又破天荒地由 2014 至

2015 學年起，給所有公營中學相等於一名學位教師職級薪金的津貼，讓學校能增加人力加強生涯規劃教育元素，並承諾推動更多工商機構和社區資源參與商校合作等。至 2016 年，教育局容許學校選擇津貼轉為一位常額學位教師，但有關資源仍應投放於發展學校整體的生涯規劃工作。

是什麼原因帶來這些轉變？

新學制實行以前，中學畢業後的升學制度是一個金字塔形的篩選機制。中四、中五學生的會考課程，學校以提供文、理、商「套餐」為主，學生因應個人能力、興趣選修，八、九萬的會考生當中，學生能否取得預科入場券，成為約三萬名預科生的一員，是純粹以成績主導的；往後年半時間，學生修讀一個以知性學習為主導（我們從前說的文法學校課程）、無論課程內容及考評水準都以艱深見稱的高級程度會考課程，當中約一萬二千多人可順利升讀受資助的大學學位課程。學生的升學路，是很清晰的精英制度，公開考試是社會篩選人才的有效工具。

家長和學生作升學或選修的抉擇方式是很特別的：很大程度上會依賴「比較想像」—— 想像能力上有優勢的學生應選什麼，學生便應該作相同的選擇！而選擇和被選上的過程，都是確認這個青年人是否「精英」的重要程序！一直以來，中三升中四選科，學業成績較佳的，選讀理科似是當然之選。當然不排除當中不少對數理有濃厚興趣，但日後懊悔「選錯科」的大有人在。到了升大學選科，商業類課程卻成「搶手貨」，理科收生成績較低。再分析尖子們的選擇，我們會奇怪尖子們的「興趣」出奇地一致，他們傾向於那些預計能為畢業生保證較高社經地位的專科，例如醫科、法律、環球商業、財務和會計等；文史哲理，似乎不會是他們那杯茶了。

這些都是現實的考慮——考慮個人前途都只談興趣、理想，怎能在香港立足？我想這是不少家長和同學的心態。事實上，在考慮升學和職業選擇時，學科或職業的前景、薪酬回報、職業的社經地位等絕對在關鍵考慮因素之列，結合個人因素、家人及羣體的影響等，整合成我們作抉擇的價值系統。不過，若將實用性或功利因素過分放大，「規劃」就落得「規限」的下場——從來，我們只是被困在既有的、社會主流模式佔據的所謂「理想藍圖」或「標準成功模式」中，被規範指導要走的每一步，關鍵的只是個別年輕人有多少自身和背景資源決定他們的行程可有多遠。

自 2000 年開始的教育改革，教師和學生的生態和經驗都轉變了不少：課程愈來愈着重培養共通能力、多元學習經驗、跨學科的互動和思考。一定程度上，這些改變都幫助年輕人回應時代的需要。中學提供的高中選修課程選擇，以我所知大部分都彈性規劃，實踐文中有理、理中有文。根據教育局課程發展處 2012 至 2013 學年從全港搜集的數據，69% 的中四學生、68% 的中五學生及 58% 的中六學生，修讀來自兩個或以上學習領域的選修科目。修讀三個選修科目的中五及中六學生當中，首五個最多學生修讀的科目組合相同，分別為（1）「生物」、「化學」及「物理」；（2）「化學」、「經濟」及「物理」；（3）「生物」、「化學」及「經濟」；（4）「企業、會計與財務概論」、「經濟」及「地理」；（5）「企業、會計與財務概論」、「化學」及「物理」。[1]

大學四年制選科亦然，可以容讓學生先選學院或課程類別（例：工程學院、理學院、文學院等），於一年級廣泛地修讀學院旗下不同學系、學科的入門課程，升讀二年級才決定主修。年輕人選擇多了、自由度提升了，畢竟是好事，但無論在中三升中四、高中升大專，以至大一升大二，他們又可以什麼準則、方法作決定？

親耳聽過一位教育高官這麼説：「生涯規劃、升學就業輔導等，不是不重要。但對那些成績優異的尖子、零分學子，不是不用費心選擇就是沒有選擇，老師是否不用太操心呢？」

每個生命的獨特歷程

對「生涯規劃」的定義和討論，是要以價值為基礎的。這是價值、信念的問題！如果我們真心相信每個人都是獨特的，有一定但不相同又有不同程度的天賦，不同的成熟進程，只待機會和時間去發揮；如果我們都相信，對個人前途有希望（Hope），社會仍為有上進心肯付出努力的年輕人提供多元機會——每一位年輕人，由孩提時代開始，就得有生涯教育！

生涯規劃不是要年輕人依社會主流價值所謂「理想藍圖」走，未能畢業後入讀最心儀的課程就是失敗；**生涯規劃是要建立一套在不同際遇中仍肯定自己的價值，保持對未來正面積極的信念。**我們見到不少學校在這方面的工作比以往做得更多更好，也得到很多老師和學生的正面回應，同學多了機會與身邊的友伴、老師分享個人志向、升學就業選擇的困難和考慮；對前路多一點思考、少一點迷思。我覺得這都令我和一班同工感到最有價值和快樂。

生涯發展與成長

蝴蝶的成長過程，生物學稱之為變態，指由卵、幼蟲、蛹、成蟲每個階段的演化過程中，形態和功能有明顯的改變。外表看來，能自由飛舞又艷麗的成蟲蝴蝶，與蛹一點都不相似。細心觀察，每一早期形態都是累積養分和能量、吸收環境資源、重整細胞組織結構的必要時期，前期準備不足，就不能順利過渡到下一階段。重整是成長過程後艱辛的時刻，要經歷不少痛楚，但如我們不忍它在蛻變中受苦，用外力幫忙破蛹，那蝴蝶就失去飛翔的能力，不能生存。

生涯發展是個人成長的歷程之一，每個階段都有其成長任務，跨越階段的過程須先沉澱經驗、整理人生，探索未來不同的可能性。作為師長、家長、社福和商界，**我們的角色，是提供一個環境，給予年輕人了解自己、投入參與、多元經歷。**依此概念，我們回應上述問題時，就得跳出「生涯規劃只是找升學出路」的思維！

生涯規劃不就是做個測試了事？——理想與實踐的距離

有人狠批「規劃」誤導年輕人，以為人生的路真可以像做專題(Project)一般預設結果；連年輕人都説學校的「生涯規劃無用」……問題出在哪裏？

生涯規劃教育是前線教育同工和青年工作者努力多年，從在地的、扎實的課程發展、教師培訓工作開始，點滴的累積。我們相信，**探索未來，作知情的選擇，是成長的一部分、一生的功課。** 2014 年 1 月，特首於《施政報告》提出生涯規劃教育政策，增加學校推行升學及就業輔導及教師的資源、積極引入商界及專業界別的參與，提升中學生面向職場的學習機會。我們樂見教育體系終於給生涯規劃教育一個位置，但更大的挑戰才剛開始……

教育局於 2014 至 2015 學年開始，每年為每所公營中學增撥相等於一名學位教師職級薪金的津貼，加強教學團隊的專業能力，為所有中學生提供全面而適切的生涯規劃教育，提升青少年享有選擇學業、學習模式及升學就業出路的權利和責任，鼓勵學生根據自己的興趣和能力，探索和發展個人抱負，回饋社會。「生涯規劃」成為教育界的熱門課題。

教育界、家長和學生對政策的目標普遍是支持的，但對「生涯規劃」的理念和實踐卻有不同的理解，以下是常見的問題或期望：

1. 「生涯」是什麼？對年輕人灌輸「生出來就要『捱』」的想法，未免太負面了吧。

2. 人怎可「規劃」未來？面對前途有太多不由自主的因素，年輕人 17、18 歲就要「決定」自己升學的路和職業，不是過早「規限」他們的發展，就是給他們太美好卻又不可實現的想像，到頭來只會令年輕人更失落。

3. 生涯規劃教育要由誰來做？輔導老師？社工？家長？工商及專業界別人士？學校課程已編得密密麻麻，哪有時間推動這麼多工作？

4. 生涯規劃教育應在哪個階段開始？不是高中生才要認真考慮多元出路嗎？

5. 生涯規劃有方法或工具幫助年輕人「確認」哪個學科、職業最適合他們嗎？

以上都是推動生涯規劃教育過程中，我們要面對的挑戰，努力尋找的方向，回應現實場景的需要，校正清晰的發展目標，才不致使本意良好的教育政策變成另一場「大龍鳳」。

早在 2004 年，經濟合作暨發展組織（Organisation for Economic Cooperation and Development，OECD）就發表了一份有關生涯規劃教育政策建議的詳盡報告 *Career Guidance and Public Policy: Bridging the Gap* [2]，除說明生涯規劃於全球社會經濟和

教育生態轉變挑戰中的角色，又分析十多個地區的實踐策略和成效。報告列出七項互為緊扣的生涯規劃教育策略，包括：

1. 充足而不偏頗的升學就業資訊；
2. 促進自我認識的評估工具；
3. 回應個別需要的輔導諮商；
4. 多元的教育活動和課程；
5. 多元出路及職業體驗活動；
6. 求職支援活動（如面試準備）；
7. 支援過渡階段的服務（如放榜輔導服務）。

發展生涯規劃教育，不單是香港教育生態的主觀措施，也是國際間的追求。用以上框架檢視學校現行的生涯規劃教育工作，認清強弱機危，訂定發展方案，推展持續而全面的生涯規劃教育，是學校和輔導人員面對挑戰的基礎。最終，我們的願景是每位年輕人得益，從他們在學的日子開始，為他們開一扇通往未來的窗口，讓擁有不同特質和能力的，看見廣闊的世界。

也許，在認真檢視學校裏生涯規劃教育工作的常態，是否過於側重工具理性的操作（如純粹資料傳遞、用簡化的興趣測驗配對未來升學就業選擇）的同時，得回到原點，誠實認真的思索，在今日的香港社會，工作、生涯與生活的意義和關係。

生涯規劃即是升學指南？——成長才是目標

「生涯規劃」觀念的原文是 Career and Life Planning，生涯並不局限於工作和職業，還包括那些我們在生命中會擔當的角色——由出生那刻開始：我們是子女；學生的身分隨着「終身學習」的理想可以是一生之久的；踏入工作世界，我們盼望個人的能力、潛質能有機會發揮，要找到滿足感、貢獻社會；工作以外我們還有義工、公民的角色參與、不同羣體的成員和社會事務；假如我們有機會成為別人的伴侶和父母，要投入的是愛、時間和無盡的心力……

哪個生命角色較重要？我們一生有不同的階段，每個階段都會有不同的角色並存，孰輕孰重，除了社會環境因素以外（例：法定的勞工年齡是 15 歲），個人有主動的選擇權。換句話説，在不同的人生階段，我們都得重新考慮每個角色的優次；畢竟，我們的時間和精力都有限。

簡單而言，生涯規劃就是對未來的思考、行動和探索方向的過程；不論我們的性別、背景、年齡，只要我們相信自己能參與人生藍圖或多或少的部分，就要以勇氣和理性作抉擇，不甘於完全受環境和既有制度所支配。

生涯發展，是持續一生的課題。不過，對中學生而言，他們面對的挑戰和隨之而要作的抉擇，對事業發展卻有極關鍵的作用。在中學推動生涯規劃教育的目標，是要裝備年輕人應付人生不同階段及角色的選擇和挑戰。生涯規劃是全人發展的重要元素，協助年輕人升學、就業，只是部分的環節。

每個階段都有特定目標

在探索期的年輕人，透過在學校、社區，以至現實工作場景的參與、嘗試，逐漸確認未來的升學計劃和職業。這階段充滿挑戰，對將來的路也很關鍵，完成中學課程後的路要怎樣走、第一份職業是什麼等，都是人生中極不容易的重大決策。對個人興趣、能力、性格、志向等特質了解得較準確透徹、對未來有一份「目標感」的（Sense of purpose）年輕人，會較有把握跨越這時期大大小小的難關。

綜合有關成效的研究結果，生涯輔導教育對年輕人發展有以下正面影響：

- 提升事業發展成熟度；
- 抉擇困難下降；
- 更多探索出路；
- 提升事業身分；
- 依從事業發展建議；

- 對獲得的生涯輔導及支援服務感到滿足；
- 心理負面感受下降；
- 提升人生滿足感；
- 提升解難評估及能力。

經濟合作暨發展組織在 2018 年發表報告，再次從個人與社會的角度肯定生涯規劃教育的重要性：「生涯輔導是個人及社會的利益；它幫助個人學業和工作的進步，同時也幫助勞動及學業市場的有效運作，促進上流和公平等社會政策目標。」（“Career guidance is both an individual and a social good; it helps individuals to progress in their learning and work, but it also help the effective functioning of the labour and learning markets, and contributes to a range of social policy goals, including social mobility and equity.”）

生涯規劃不就是教人搵工？——這是建立人的工作

總結多年的經驗，生涯規劃教育的四大支柱包括：

1. 啟發參與——透過建立緊密關係，鼓勵青少年按自己的興趣多投入和參與，造就成功的經驗，建立身分認同，讓他們與社會連繫，從而激發動力，燃起正能量與重建希望；
2. 認識自我及發展——通過個人評估工具、自我探索練習、以興趣為本的活動，協助青少年了解興趣、價值觀及天賦才能；
3. 探索出路——提供升學及就業輔導、升學及就業市場資訊及與工作有關的經驗（如：師友計劃、機構探訪、體驗及實習計劃等），協助青少年探索多元出路；
4. 生涯規劃及管理——安排職前培訓、試工計劃、學徒計劃、行業培訓、職業配對、個人履歷檔案建立及獎勵計劃等，協助青少年訂立行動計劃，為升學及就業的轉變作好準備，順利過渡。

生涯規劃教育元素

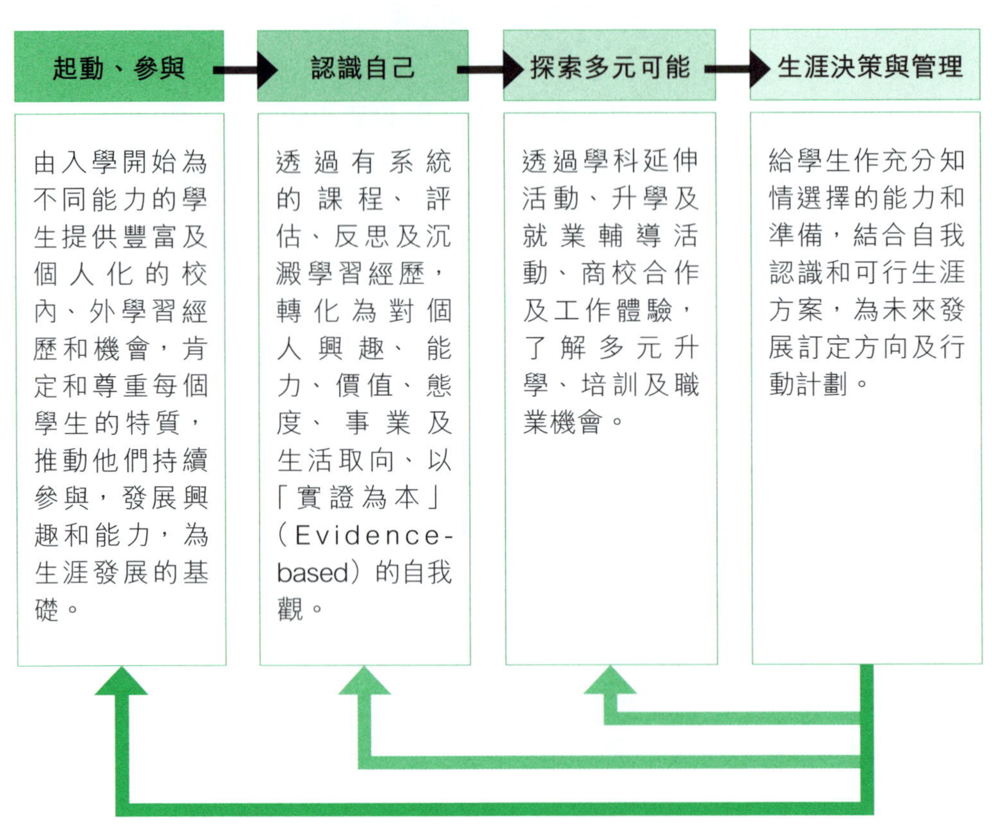

完整的生涯規劃教育，得「因材施教」——以年輕人為本，尊重個人特質及需要，給予適切的個人輔導支援；也得「因時制宜」——以有系統的支援服務和學習經歷，回應年輕人不同階段的成長需要。

生涯規劃教育應是全人發展教育的元素之一。不論學生背景、學業水平，也須由年幼開始，藉不同層次的教育活動，輔助其生涯發展。一般而言，生涯規劃教育應包括以下項目：

1. 個人輔導；
2. 興趣及能力評估；
3. 對各行各業及工作世界的認知及體驗；
4. 生涯規劃成長課程；
5. 升學、培訓及行業資訊；
6. 不同升學 / 就業階段轉變時的輔導活動，例：升學講座等。

生涯或事業的發展在年幼時已開始，對工作、職業的人生價值和觀念，都是小孩子從身邊最重要的人 —— 家長、教師方面得來的。

不放棄的工作者

前美國總統夫人米歇爾（Michelle Obama）深受美國人民愛戴，她的言行也為不少世界各地人欣賞認同。為什麼？除了天賦的能力和個人魅力，她在擔任總統夫人的八年裏，倡議和推動公益事務，都是全情投入，為社會上有需要的羣體發聲和做事。教育事務是米歇爾最關心的範疇之一，眼見美國年輕人完成高中和大學比例下降、對未來漸失方向和信心，她聯合一班有心人發起 Reach Higher 計劃，連繫各方資源和力量，鼓勵年輕人探索和爭取大專教育機會。她最後一次以第一夫人在白宮演講時，回顧 Reach Higher 運動的願景和成效，並為全國學生輔導人員協會的成員打氣！

米歇爾在演講中提到一位獲選為 2017 年度輔導人員得獎人 Terri 的工作：「每當她發現有需要，她就不辭勞苦地跟進。」Terri 做了什麼大事？她是高中的學生輔導人員，即香港的升學及就業輔導老師。學生因為經濟、家境、個人學習動機低落等各種因素，不願或不能升大學，Terri 為他們設計活潑的生涯發展課程、安排企業講座體驗或實習、在校園舉辦主題活動讓學生了解不同的出路和資訊、善用 Reach Higher 的免費網絡評估及資源服務，舉辦各類面試及入學申請準備工作坊，加強學生的信心，不可少的是給每一位學生的輔導和適切的個別諮商。這些不就是近幾年香港所推動的生涯規劃教育的元素嗎？

有一段她含着淚地説：「我們（Reach Higher）要改變這國家對成功的論述。……你們（學生輔導人員）看見學生可能成就的。縱使他們不相信自己，你也得相信他們；你不辭勞苦地幫助他們成為他們真正能做到的。我想你記着，在這國家裏很多人，如我和我丈夫，起步時擁有很少；但憑藉努力和良好的教育，任何事都有可能——甚至成為總統！這就是美國夢。這是我們的基本信念。希望的力量能使我們超越自我懷疑的聲音、分化、那些我們在生活和生命裏面對的憎恨和恐懼。」

那絕對不是政客的「戲」，是這位第一夫人對人生和教育的信念、對年輕人和社會的期盼。

香港沒有米歇爾，但也有一羣專業而盡心的學校輔導人員，包括生涯輔導人員、升學及就業輔導老師。第一夫人與輔導人員團隊合力推動社會改變，也不吝惜對他們的欣賞；在香港，幾年來不斷有聲音指「生涯規劃無用」，但論者卻對相關教育概念、策略和成效無甚興趣、一知半解，令筆者和一班輔導老師無奈。

我常引用金樹人教授指出華人生涯觀對「安身立命」的關注。賺取生活所需，照顧好自身和家庭的需要是基本，但沒有使命的人生，就窮得只剩物質生活。生活不容易，但在此時此地，我們還有選擇不同生活方式的可能，有夢想的，仍有讓我們頑固地追尋的空間，何況，我們不孤單。

註 1　資料來源：https://334.edb.hkedcity.net/new/doc/chi/SubjectSurvey2017_MainFindings_c.pdf

註 2　*Career Guidance and Public Policy: Bridging the Gap*: oecd.org/education/innovation-education/34050171.pdf

生涯故事

己欲立而立人，己欲達而達人

——李步正校長

安柱中學、迦密中學前校長

李步正校長是我遇過的校長之中，最得教師、學生和家長尊重、愛戴的一位！一切源自她「己欲立而立人，己欲達而達人」的教育信念，30 多年的教育生涯，身體力行，誨人不倦。

學習當個教師

李校長成長於 50、60 年代的香港，父親 10 歲就離鄉別井，是辛勤的勞動階層。生活迫人，小時候的李校長不敢對未來有什麼期望，是父親給她種下希望的種子。她回憶起四年級時，父親問她將來想做什麼。她沒有勇氣回答；父親提出一個又一個職業，她就是搖頭，直至説到「教師」，她無語，卻還是不敢點頭。五年級時，她考得優異的成績，母親對父親説：「如果她能考到升中試，就給她讀完師範吧。」她知道父親已將當日的閒談轉告了母親，面對當時困難的家庭環境，父母親的心意已是最大的支持和認同。

生活迫人，中學畢業後的李校長沒有進師範，卻去了一所私立小學當起教師來（當年只需中五畢業的學歷）。那年的職場經驗，叫她「傷痕纍纍」。她意識到學歷的重要，重回母校修讀中六，考進香港中文大學修讀中文系，並以一級榮譽畢業。為應付四年大學學費和生活費，她要兼顧多份兼職：補習、大學圖書館服務員、大三開始在迦密中學擔任半職教師……可以想像那是何等勞累。但對李校長而言，那是她最快樂最豐盛的四個年頭，在學術、信仰和人生種種，都有美好的收穫。從此，她希望未來的學生也能經驗這份福氣……

讓學生可以讀上去

由她第一年在安柱中學任全職教師開始，李校長已很着意為學生尋找多元出路：「石籬是貧窮的社區，但學生很受教，第一屆畢業生已考得很好，但學校卻還沒有開設預科課程。教學不應只是教授知識和考試，我們的責任未完，還要為學生找一條出路。」成績未能升讀大學大專的，她四出搜集專業資格和專科考試的資料，指引學生進修以取得專業資歷；有個別成績理想的，李校長親身陪同往其他學校面試，讓他們升讀預科；她自發為有志投考中文大學的學生課後補習 H-level 中國語言文學，讓他們有能力考中大入學試……凡此種種，不要說 40 年前出路資訊不流通的年代，以今天生涯規劃教育已是「理所當然」的境況下，李校長所做的也是十分難得。她當年的學生，今天不少在不同界別都非常成功，他們可以改變命運，不單因為個人能力、擁有知識，還因為有着緊他們的同行者。

李校長對學生有一顆敏鋭的心，別人察覺不到的蛛絲馬迹，學生的行為及情緒出現微小的異樣，她都嘗試了解箇中是否有難言之隱，有沒有解決問題的方法。她對掙扎中的心靈、弱勢家庭的孩子、在人生苦難或低谷中的年輕人，格外關心、關注。

成為學生身邊的天使

一位女學生，在9月1日開學當天靜靜坐在班房一角，別人在抄上課時間表，她卻沒有拿起筆。李校長當時是副班主任，低聲詢問究竟，原來那學生的父親因經濟問題，着她放棄學業到餅店工作，那天是她回校交退學信的日子。李校長不忍，聯絡學生的母親，説服她讓女兒繼續學業，一同商量面對經濟困境的可行方法。今天，女學生已是一位專業社工，也有幸福美滿的家庭。

一位女同學因成績欠佳，家長又長期不合作，老師無法跟進。李校長初見她時，女生一直沉默，幾經鼓勵，才肯説話，知道她的母親常把她當發洩的對象，動輒打罵，又屢以趕走她作要脅。聽後李校長很不忍，説了一句：「你都是一個人！」過了幾天，她又被逐，她就將被丟出門外的書本拿走，投靠其他親人，後經學校社工介入，母親態度稍有收斂；但不久又故態復萌，女生無奈地離開家庭，入住院舍。高中畢業後，成績未足以入大學，又沒有任何經濟支援，前路茫茫，李校長鼓勵她投考醫院的護士訓練學校。一方面看她性情溫良，有耐性，應該會是一位細心及有愛心的護士；另一方面可解決現實的問題：按她的經濟情況，在醫院邊讀邊受訓，訓練期間有宿舍、有收入，可以解決經濟及住宿的問題，完成訓練後可以成為登記護士。兩年後，她畢業了，成為醫院的登記護士；工餘繼續修讀護士學位課程，畢業後轉為註冊護士。其後再修讀不同的專科護士訓練，裝備自己，在不同的病房工作，照顧有需要的病人。她的耐性與愛心，讓病人及上司都甚為欣賞。

知識改變命運

另有一位女學生，成績不俗，對未來卻沒有目標及要求。自小她被「洗腦」，作為家中最年長的孩子，中五畢業後，就要到工廠打工。她有責任早點「出身」，幫補家計、改善家庭環境，對不能改變的現實安然接受。一天放學後，這位學生在走廊碰見當時教她中文的李校長。傾談下李校長知悉她家裏的情況後，問她將來有什麼目標，有否想過讀大學；女學生不敢說「沒有」，隨意拋出「教師」這答案，至於讀大學與否她無可無不可。怎料李校長不以為然：「你有能力讀書，就要以入大學為目標；你要改變家庭的命運，可考慮讀醫科。」女生不知如何回應，只是沉默罷了。但她心裏開始有一個想法：也許，真的也許，她可以試一試，是否可以入大學……那一次，是她十多年的人生裏，第一次有人認真地與她討論未來，認真地告訴她，她有能力入大學；那是改變她一生的對話。

還有數不盡的例子。

30 多年的教學生涯，李校長成為很多安柱中學和迦密中學學生以至他們家人的同行者。無論她身在哪個崗位，她都以學生的需要為先，着緊他們的現在和未來。她有一份「唔抵得」的性格、不忍的心腸，不忍學生自我放棄，不忍學生受環境所限。作為同行者，她願意提供可能的答案和意見，但很多時候，聆聽和接納已足夠讓心裏已作抉擇的人有信心踏上冒險之旅。

「我是知識改變命運的得益者，所以，我很想我的學生都能透過知識改寫他的人生。我常對同學説：我想你入大學，不是因為校譽，而是我人生最燦爛的日子是那四年大學，我很想你們都有機會去經歷那黃金一樣的四年。」

回到李校長勸她要當醫生的那位女學生。她沒有當醫生，但考入了中文大學生物系，最後真的當上老師；她成為了升學輔導老師，因緣際會，加入香港輔導教師協會成為幹事、主席，過去 20 年與一羣同行者推動生涯規劃教育，寫課程、創作工具、培訓教師、倡議政策……這一切的原點，就是那一次在學校走廊的對話。

我比較了解，因為我就是那位女學生……

第二課：
未來職場

未來職場技能的啟示

科技發展為經濟和人力資源體系帶來根本的改變，有關職場的討論焦點，主要在工業 4.0 時代下，自動化生產將大量取代勞動力，職場結構變得愈來愈不可測。於是，未來學的論述，特別是針對未來人力需求的期望，在傳統重視專業和專門知識的訓練，轉向對共通的、可轉移的「職業技能」（Soft skills）的關注。下圖展示世界經濟論壇（World Economic Forum）整合不同人力資源調查而得出的十個未來職業技能。

2018 年		2022 年	
1. 分析	6. 注重細節及誠信	1. 分析式思考及創新	6. 解決複雜問題能力
2. 解決複雜問題能力	7. 情緒智商	2. 主動學習及學習策略	7. 領導及社會影響力
3. 批判式思考及分析能力	8. 推論、問題解決及構思能力	3. 創意、原創及主動性	8. 情緒智商
4. 主動學習及學習策略	9. 領導及社會影響力	4. 科技設計及程式編寫	9. 推論、問題解決及構思能力
5. 創意、原創及主動性	10. 協同合作及時間管理	5. 批判式思考及分析能力	10. 系統分析及評估能力

資料來源：世界經濟論壇 https://occupation-dictionary.vtc.edu.hk/tc

不同的跨國經濟組織對職業技能的界定和用詞會稍有分別，但綜觀不同技能體系，也有很清晰的共通點：創新能力、解難能力、人際溝通能力和資訊科技的掌握能力，都是未來職場所需的。

與上述「技能論述」並存的，通常是來自政商人士對教育界的質疑，普遍認為學校傳統的教學模式，側重分科知識單向傳授、強調分數及高壓力高風險考核評估，學生缺少跨學術範疇的整合訓練，也未能如歐美國家教育系統般，給予學生自由學習和發展創意的空間……「學校不濟」論又再熾熱起來。

面向未來的生涯規劃教育——挑戰何在？

香港教育體系由 2000 年開始進行了重大的三三四改革，12 年普及教育得以落實，中學 6 年，大學由三年制改四年制，課程改革也在中小學生根；高中課程以中、英、數、通識為四個必修科，另有 24 個選修科、應用學習課程及其他語言課程，推動文中有理、理中有文的組合。此外，課改精神重視學生能獲得多元的學習經歷（高中「其他學習經歷」，Other Learning Experiences），包括：德育及公民教育、社會服務、與工作有關的經驗、藝術發展和體育發展，啟發潛能；高中畢業生在學校輔助下整理課內外經驗及成就，撰寫「學生學習概覽」（Student Learning Profile），不單成為個人化的學習歷程記錄，藉概覽內的個人自述，展示學生如何將經歷和自我認識連繫至未來的願景。教改也強調多元出路，肯定生涯規劃教育在促進年輕人生涯發展的重要，讓同學因應個人能力潛質選擇升學、培訓或就業路。

三三四改革的意願良好，推手其實也有先見，從課程內涵、升學體制到出路選擇，都在嘗試面對新經濟環境多變的需要。當然，縱使理念良好，在落實政策時往往難免有異化和扭曲。在此不多作討論。不過，面對「職業技能」對學校教育提出的挑戰，教育工作者實在不能逃避。

接下來，從有公信力的大型研究開始，探討工作者和年輕人的同行者在實踐生涯規劃教育時須思量的方向。

生涯規劃教育促進生涯發展能力

2012 年國際學生能力評估計劃（Programme International Student Assessment，PISA）研究發表一份專題報告，檢視所有參與 PISA 的國家或城市中，15 歲年輕人的生涯規劃活動參與水平，與他們自評生涯發展能力的關係。結果雖沒有分析兩者之間的因果關係，各個地區的數據分佈顯示，兩者明顯呈正向關係，即參與度高的話，整體學生對生涯決策、探索多元出路的能力也較高。報告視此結果為確認學校推動生涯規劃教育對青年發展的重要性。

【相關資料可參考：http://www.elgpn.eu/publications/browse-by-language/english/elgpn-research-paper-no.-1-pisa/】

為何我們的夢想都一樣？

經濟合作暨發展組織的 2015 年 PISA 研究，發現來自世界各地的 15 歲年輕人所選擇的理想職業，都有近似的分佈。在千萬個職業中，最受歡迎的首十位，佔去參與研究的年輕人人數近四成。首五位是我們自小已認識的醫生、教師、律師、警察、護士——不就是幼稚園課程裏「幫助我們的人」？

此結果說明了年輕人對職業的多元可能認識不足，「理想」圍繞的，是他們由幼兒園開始就認識和接觸的職業。高中畢業時，認知有限，選擇意向也傾向集中，選專業和職業就變得格外困難。與這些職業有關的課程和職場機會比希望投身的人少得多，年輕人「理想幻滅」的機會就更大。

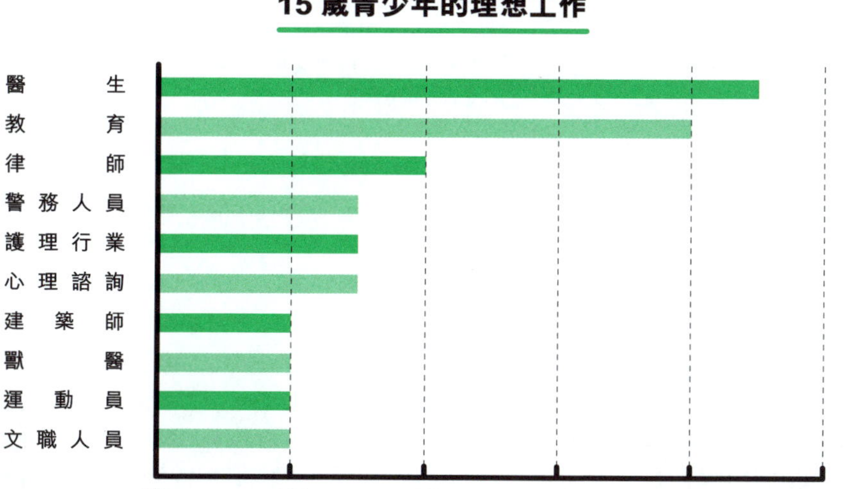

資料來源：https://www.facebook.com/OECDEduSkills/photos/a.509378035785821/2000245550032388/?type=3&theater

職業選擇與性別定型

STEM（科學、科技、工程、數學）相關的職業被視為工業 4.0 時代的明日之星。同一個研究分析男生和女生的選擇差異，男女生希望未來從事 STEM 相關職業的比例相若，但仔細分類後，男生以科學和科技相關職業為目標的，較女生多一倍以上；比較兩者選資訊科技相關職業的差距就更明顯，女生大幅傾斜於與女性傳統照顧者形象配合的健康護理相關職業。事實是，男女生在 PISA 數學科和理科的表現只有很小的差異，女生在理科的平均分數甚至比男生更好！男女生職業選擇的差異，性別角色定型的社會因素，可能比實質能力分別的影響要大得多。問題是，不少社會人士、以至教師、家長，仍不以為然。

婦女基金會委託香港城市大學在本地中學進行的研究，與 OECD 的研究結果一致，並進一步探索男女生對職業期望和觀感。男生比女生重視未來職業的社經地位和權力，女生較關注工作對社會和利他的意義。因此，中小學的生涯規劃教育，由選科機制以至學習經歷，都得嘗試打破男、女生在職業發展和選擇的性別角色定型。

【相關 OECD 研究結果，請參：https://read.oecd-ilibrary.org/education/pisa-2015-results-volume-i_9789264266490-en#page119】Figure1.3.5

【相關香港城市大學的研究，請參 https://twfhk.org/system/files/stem_report_jul_3_pdf_final.pdf】Table4.9

上流力下降

在知識型經濟愈來愈主導的工作世界，專上學歷是不少工種的入門標準。跨越 20 年的統計數據卻帶出令人憂慮的訊號：雖然 20 年來，整體就讀大學和專上課程的人口都有增加，但在較富裕的羣體（包括住戶收入、父親學歷較高和住在自置私樓）的就讀大學增長比例，明顯比貧窮的羣體多。

如果教育機會仍是年輕人賴以改善家庭生活、突破背景局限的重要資源之一，我們就得反思如何幫助他們爭取更多機會。

不同社經背景的青年升學數據

1991 年

2011 年

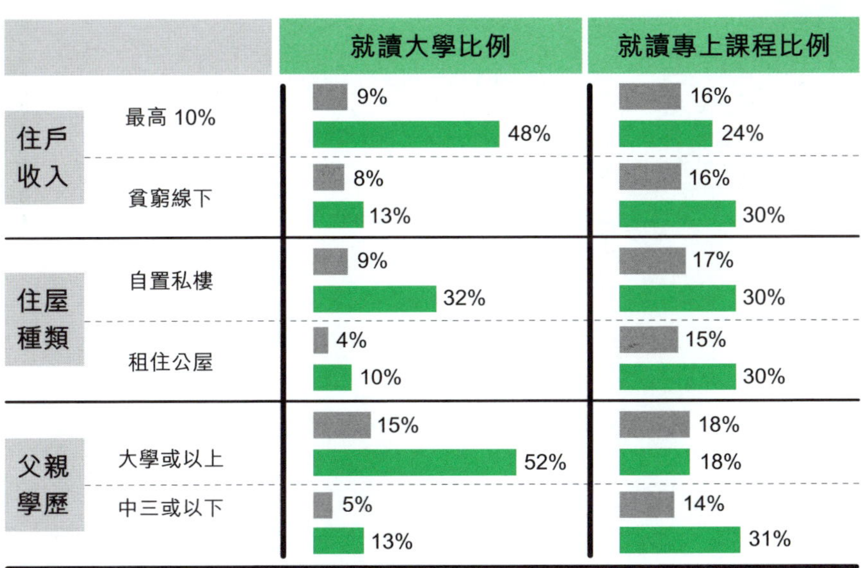

資料來源：https://www.facebook.com/iknow.hkej/photos/a.361903520553864/1868192773258257/?type=1&theater

希望感——擁抱未來的力量

年輕人對未來的正向期望，是他們面對生涯前景種種挑戰的力量來源。中文大學香港學生能力國際評估中心，曾就年輕人的「希望感」進行調查，結果反映社經地位和父母情感支持度與希望感水平相關。擁有較高希望感的人，自覺能夠找到達成目標的行動途徑，並且在選擇途徑的過程中保持靈活，即使一種方式不奏效，亦能思考不同方法去解決問題。這不難理解，但又一次確認，家庭背景和資源愈薄弱的年輕人，在生涯發展上的挑戰愈大，生涯規劃教育對這羣體而言，可以擔當補償教育（Compensatory education）的使命，投入須更多。

【相關圖表請參：http://www.fed.cuhk.edu.hk/~hkcisa/nl/newsletter_vol30.pdf】表一、圖一至二

小結

很多人說，未來的職業世界裏，有 60% 的工種今天尚未出現，在學校與年輕人談生涯規劃，討論他們未來的工作選擇、事業目標，是過早了、太不設實際了……

如果生涯規劃真的是職業配對，以上的說法也有道理。

現實是，學校、家庭和職業場景中，有各式各樣的標籤和刻板印象，告訴年輕人「必須」選什麼、「不應該」選什麼、「只能」選什麼……**生涯規劃教育的意義，也包含社會行動的角度，藉教育經驗**（如師友計劃等），**挑戰各種偏見和標籤**（例如：女生不適合理科、工程；成績好的就要讀神科；家境不好的就不要妄想可讀大學……），**改變個人，也改變社會**。

從第一課開始，我們就了解到生涯規劃教育可以是個人面對未來學習、職場以至生活角色的價值、態度和技能的培養，讓下一代有信心、有希望感地面向我們這一代未知又未能預見的將來。這一課的幾個研究結果，都說明年輕人在生涯發展的需要，比我們想像的更大。學校同工和家長，以及不同的持分者、同行者要思考的，是如何策劃適切的生涯規劃教育，平衡闊度和深度，讓所有年輕人都有參與的機會；與此同時，對來自弱勢背景的年輕人，給予更多關注，讓他們看見更廣闊的世界、不同的可能，敢於為將來打算，也要知道如何達至理想目標，自強不息。

「生涯指紋：探索技能篇」(Career Fingerprint: Exploring your Skills and Styles Card Sort)

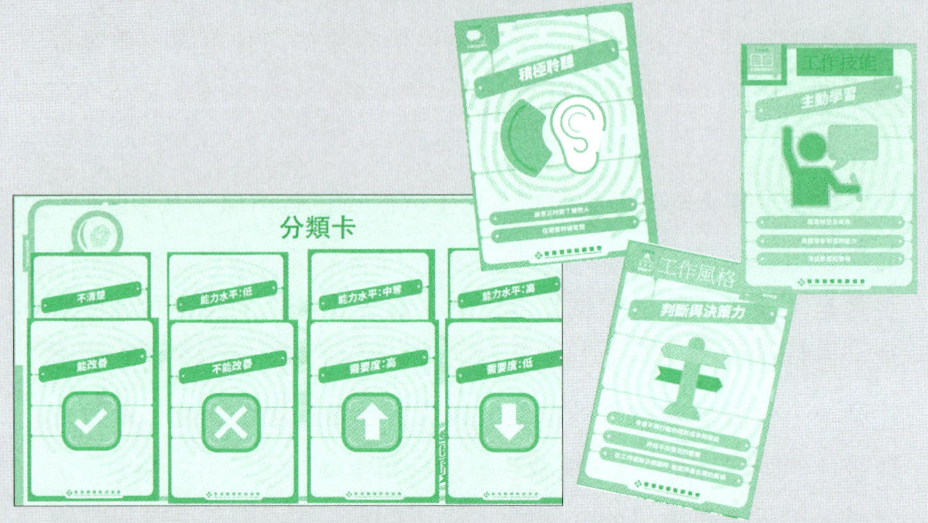

近年愈來愈多有關人力資源發展的討論，關注「技能」(Skills)、「素養」(Competency)、「工作風格」(Styles) 對年輕一代的重要性。由香港輔導教師協會研發的「生涯指紋：探索技能篇」讓輔導人員透過不同活動，促進學生了解個人的技能、工作能力、工作風格和態度的模式，以及這些特質與不同職業的關係，鼓勵學生持續進步、探索不同的可能，進而為目標訂立行動計劃。這套卡亦可用於引領活動後的解説，以及如正向教育等的其他教育用途。

參考網頁：https://www.hkacmgm.org/?page_id=2514

《Breakazine! 047 未來工作想像指南》

有時候，校園裏生涯規劃教育過於工具化，如純粹資訊傳遞、用簡化的興趣測驗配對未來升學就業選擇等，少了回到原點，重新思索在今日的香港社會，工作、生涯與生活的意義和關係。《Breakazine! 047 未來工作想像指南》記述了 60 多位職人的生涯足迹，都在追尋其安身立命的方式。深入探索和思考現今香港人的多元生涯，從幾十位「職人」的選擇和掙扎過程中，沉澱出價值取向與生活態度，是他 / 她獨一無二的「生涯」。生活不容易，但在此時此地，我們還有選擇不同生活方式的可能，仍可以有夢想，仍有讓我們頑固地追尋的空間。前人與你我身邊朋友的足迹，又如何在塑造我們這一代對生涯的觀念？

香港輔導教師協會以《未來工作想像指南》為主軸，發展和推動一系列讓青年人參與的生涯探索活動。期望生涯規劃輔導教師和人員以此為起點，於年輕人、家長羣體，以至社區裏，引發更多更深入的討論和思考。延伸生涯規劃教育資源包括：

1. To Work or Not to Work？延伸學習材料平台及資源：由香港輔導教師協會出版延伸課堂活動，讓輔導老師、班主任於課堂配合《未來工作想像指南》及相關多媒體材料使用。平台內容會不時更新，輔導同工可免費下載、剪裁使用。

2. 「職場我話是……」的短片，包括「職人篇」、「學生篇」和「家長篇」共六條片，身兼不同身分、角色的，透過自白對生涯的想法和期望，讓社會裏不同羣體可彼此了解。

參考網頁：https://www.youtube.com/channel/UCguaxPC-zPOwLnO0MIXviOA/featured

「職業卡——未來工作想像版」

職業卡是一種質化的生涯評估工具，透過近似遊戲的模式，讓參與者從自己的觀點視角察看和表達對不同職業的想法，反映價值、期望，對個人喜好與能力的理解等。54 種職業中特意包括一些新興、較另類的行業。使用詳情可參照香港輔導教師協會網頁個人生涯規劃資源站內 Resources Related To Breakazine: To Work or Not to Work 的「延伸活動資源冊 Extended Activities Resource Pack」第一課內容。

參考網頁：https://www.hkacmgm.org/?page_id=1970

生涯故事

誰說 Band 1 學生不用生涯規劃？

——梁恩瑩老師

聖公會曾肇添中學前升學及就業輔導主任、現任助理校長

有人說，Band 1 學生是不需要生涯規劃的，他們學習能力高、公開試表現出色，是大學爭相取錄的對象。老師的角色是保證他們在公開試取得高分。梁恩瑩老師（Anne）教的是成績表現最優秀的一羣，她卻沒有這樣想……

受任教於師範的父親影響，Anne 以教師為事業，父親對教育的認真和忠誠，成為她第一個模範（Role model）。擔任英文老師的工作量已很重，初出茅廬的 Anne 仍同時參與升學與就業輔導工作，她不敢怠慢，盡所能提供資訊和輔導；但在學校裏常感覺在單打獨鬥，沒有很多同工理解她的工作，願意同行。直到十多年前上任校長湯啟康先生加入學校，帶來不一樣的思維和文化。

所有學生都需要生涯發展

當年湯校是教育署高層，提早退休後，到學校和志願組織服侍，實踐他的教育理念和推動社區教育工作。湯校成為 Anne 教育生涯的第二位模範，因他相信所有學生都有生涯發展的需要，學校要因材施教，在理念和實踐層面配合。那幾年在他的領導下，Anne 和她的團隊有空間去嘗試新的策略，有湯校支持引入校外人脈和

資源成為拓展學生生涯學習經驗的夥伴，較難得的是，他們把實證為本（Evidence-based）的理念逐步應用到分析學生成長和學習需要、生涯規劃支援、檢視工作成效以推動持續更新和發展。

對發展生涯規劃教育，Anne 有完整的理念，她認為是應用 5E 模式（原為英文，保持原意，不作翻譯），主導、聚焦團隊的工作方向：

1. Effecting: an on-going match between students and careers.
   - students achieving self understanding, strengths and aptitudes.
   - students acquiring the skills of getting information and advice from the working world.
   - students taking ownership of their individual life-planning.
2. Enabling: linking studies（KLA）with work demands.
   - students working harder on related work skills, e.g. languages, maths, etc.
3. Extending: increasing exposure and active experimentation.
   - students applying KLA knowledge in ECA activities and acquiring generic skills.

4. Enriching: deepening experience and sharing with others.
   - students reflecting on experiences and inspiring others with aspirations.
5. Equipping for life: viewing work in the widening contexts: students valuing work ethics, contributing to society, country and world.

追求進步

依我觀察，Anne 不會一年辦數十個生涯規劃活動，但團隊將資源投放在幾項重點計劃，並很有意識地融入 5E 概念，其中可舉師友計劃為例子。

Anne 可算是學校主辦大型師友計劃的先驅。師友計劃是持續一整年的計劃，由幾十位校友友師與過百位高中學生在學校的聚會開始，個別友師與同學往後依既定主題定期會面，學員以友師的職業為題，預備專題簡報向校長和同級學生匯報。今天看來，這與不少學校的運作模式相似，無甚特別，但在十多年前，由 Anne 單獨挑起所有行政和聯絡工作，殊不簡單。她回憶起每晚都要花時間電聯校友、為爭取校友願意擔任友師，她出席所有大大小小校友聚會如 BBQ 等……雖不至「流淚撒種」，但不能不佩服她的毅力；很快，就可以「歡呼收割」了。

師友計劃的成效很正面，學生可從友師經驗深入了解個人有興趣的職業，也可適時尋求行內人的意見。學生的回饋讓 Anne 知道他們走對了方向，但工作量太大，她要想辦法⋯⋯自此，她每年都會認真的收集友師和學員的意見，分析數據，探討如何改良計劃、解決困難、降低風險。十年間，師友計劃每年都有更新修訂，不斷改良，回應環境和學生的新轉變。

今天的師友計劃，由 Anne 的團隊與學科協作，包括英文科、視藝科。兩個學科分別於中四、中五課程裏將生涯探索和視像短片製作設定為學習單元之一。升學及就業輔導組繼續統籌師友配對、配合課程時間表，安排全級及全校的大型學習成果匯報。學生小組自行就有關職業做資料搜集，又會探訪一位友師，拍攝片段，加入學習體驗分享，也有後續的英文寫作和匯報，而影片成品可作為視藝科的學年功課。經過兩三年，學校累積了校本的、大型的生涯規劃教育資源庫，可應用到不同的級別和教學情境。友師可回饋母校，參與年輕人工作，過程中也是反思個人生涯成長歷程和理念的機會，因此他們也會珍惜這些機會。我常打趣説，這就是「一雞多味」，老師和學生的空間實在有限，課程能與生涯規劃教育有機地結合，是互惠互利，有智慧的做法。

尋着美好人生

我很好奇，Anne 為何能在生涯規劃教育範疇堅持奮鬥，而從不「放軟手腳」，她這樣回應：「生涯規劃教育是 from a ticket to a language，由如何幫學生拿到一張大學入場券，轉化為建立一套共同的語言，讓大家可討論未來。希望藉着我們的工作，學生的願景不止於入大學，而是在 20 年後可以說他找到與別不同的、美好而有意義的人生（A different and fruitful life）。」

她常説自己很快就要退休，學校的生涯規劃教育工作得有人接班。她一直樂意分享、啟導新同工：「生涯輔導老師要有熱心，加上能力；有興趣的同事不多。我還算幸運，現在團隊裏的同事都漸能獨當一面，他們愛惜學生，明知辛苦也自願加入。」

Anne 的擔憂，也是我對香港學校生涯規劃教育發展的想法呢。

聖公會曾肇添中學生涯規劃網頁：
https://www.skhtst.edu.hk/careers/

第三課：
人生的「最好」

沒有「最好」，只有最合適！

你是否相信，在這世界有一份與你的能力、興趣和理想的生活方式配合得天衣無縫的工作嗎？如果真的有這樣一份工作，要如何找到它？

在眼前的機會，無論是升學出路、職業選擇，你怎知道哪個是最好的？如何才是「最好」？要如何定義？由誰來定義？在人生不同的階段，「最好」會改變嗎？更重要的是，要是我得不着以為「最好」的選擇，我的人生是否很失敗？

以上都是生涯規劃要回應的問題，要回答的話，得先探討幾個重要的生涯發展理論。

「最好」就是找到最匹配的 —— 人與環境 / 工作的配對

理論

弗蘭克・帕森斯（Frank Parsons, 1854-1908）被認為是西方生涯規劃的鼻祖。早在 20 世紀初，他提出以配對模式為核心的職業輔導，透過分析測驗結果、掌握職業資訊等，幫助受助人作出理性的抉擇。

約翰・荷倫（John Holland, 1919-2008）在美國於 70 年代開始，運用來自不同職業從業員的大量數據，整理出影響至深至廣的「荷倫事業性向模型」，依人的活動興趣、能力和職業取向，歸納為六個性格傾向（Personality Types）：實際型（Realistic）、探究型（Investigative）、藝術型（Artistic）、社會型（Social）、企業型（Enterprising）及傳統型（Conventional）。

人的行為是其與身處環境互動的結果，個人的能力水平和技能、態度和價值觀等，在匹配的職業環境，就如魚得水，獲得最理想的發展。事業發展是一個「人」與「社會環境」互相配對 / 互動的過程。職業的刻板印象有重要的心理和社會含意，同一行業的工作者有共同 / 相近的性向。因此，職業選擇的過程和結果，是個人性向的顯露。

當然，不是說人可被簡單劃分成六類，但如六個類別代表六個傾向，我們可評估個人於六個傾向的相對強弱，又或與他人比較就個別傾向的高低程度。所以，一般評估的結果都會依次列出首三個最高分數的類別，組成「代碼」，如 AIR 和 RIA，A 和 R 在兩個代碼中的位置不同，其傾向的強度也不同。

下表簡介各類型的特質：

性向	類型	特質	職業舉例
實務型（R）	喜歡實質的手作活動，對自己親手完成一些製品特別有興趣。	主要指用機器、工具或其他設備，擔任製造、操作、檢驗和修理等的工作。	廚師、農夫、土地測量技術員、巴士司機、飛機機師、電子工程師、消防員、機械技工、電腦遊戲程式員、網絡系統管理員。
探究型（I）	喜歡抽象思維及需要分析的活動。	主要透過實驗或調查，去觀察、分析和歸納。	醫生、電腦遊戲程式員、金融分析員、視光師、科學研究人員、心理學家、營養師、化驗師、市場調查主任。
藝術型（A）	喜歡藝術性的活動及可表現自我獨特一面的創作行為。	主要是和藝術或表達個人意念有關的工作。	藝術家、音樂家、作家、攝影師、編輯、舞蹈員、演員。
社會型（S）	喜歡與人相處，談話和交往，較關心別人的感受和喜歡助人解決問題。	指一些經常要與他人接觸和服務別人的工作。	教師、護士、社工、導遊、輔導人員、健身教練。
企業型（E）	喜愛具冒險性的活動，較為外向，喜歡領導及説服別人，能在壓力下工作。	包括策劃、管理、行政和商務專業的工作。	售貨員、零售店經理、市場推廣、導遊、股票（或證券）經紀、公關、人力資源經理、行政主任。
傳統型（C）	喜歡實在及根據一定程序完成的活動，對可確實控制的活動較有興趣。	指一些需要按程序辦事的工作活動。	會計、金融分析技術員、文員、電腦操作員、秘書、税務主任、行政助理。

應用提示

由於此理論簡單易明，近年本地常用的職業興趣評估工具，基本上都源自荷倫的理論。但有幾點須慎重留意：

1. 評估的結果是基於受試者過往的經驗，隨着受試者經驗豐富了，接觸的事物多了，他們的興趣和能力都會改變——即評估結果會隨時日轉變，對初中階段的學生而言，他們的轉變可能更大。故此，不要過度迷信「代碼」的應用範疇，誤以為代碼是絕對的「標籤」，追求純粹的配對答案，例如以為務必選擇評估結果建議的課程或職業不可。所以，不宜給初中學生進行量化的（計算多項題目分數）評估，只宜初步探討興趣傾向。
2. 坊間很多評估工具只是英美版本的中譯版，內容（如興趣項目、職業選擇等）脫離香港學生的生活經驗，和本地升學及勞動市場現況，參考價值成疑。使用評估工具的導師，必須清楚掌握理論基礎，並給予學生評估後的個人輔導和分析，防止學生誤解數據而作錯誤的生涯決定。
3. 獲得評估結果只是起點，須進一步探討相關課程和職業的實況，作選擇和訂定優次時，還得考慮更多因素，包括考慮個人的事業目標、能力、環境限制（例如經濟能力）等。

【相關測試可參第三部分第八課】

《築夢工程 2.0 —— 桌上遊戲》(DreamCrafter 2.0)

《築夢工程》以荷倫事業興趣理論為基礎的嶄新桌上遊戲。《築夢工程》可配合兩套生涯規劃教材《尋找生命的色彩》、《生涯地圖》及《職業卡》使用，亦可成為校本生涯規劃課程的一部分。遊戲搜集了 120 種香港職業，以精美圖畫啟發學生對不同職業的聯想和探索；通過遊戲協助同學加深對個人的了解、提升競爭力、認識工作世界以及訂立目標。這套桌上遊戲亦成就了幾位來自香港知專設計學院設計系的學生夢想。遊戲是由他們負責圖像設計，他們能學以致用，盡展所長。

示範短片：https://www.youtube.com/watch?v=GovdXQ4R1os【資料來源：https://www.hkacmgm.org/isp/】

「最好」就是與我身分相配的——設限與妥協的歷程

理論

對比荷倫強調個人對自我的了解和主動選擇能力，葛佛森（Linda Gottfredson）的生涯設限理論（Circumscription of Career Aspirations）點出，社會觀念不斷影響個人對不同職業的觀念，從而決定個人與哪些職業「門當戶對」。職業選擇就是一個「減法方程」，隨着孩子的成長，他 / 她從身邊人、生活羣體和傳播媒體中接收約定俗成的職業刻板印象，將「不相配」的職業選項排除在個人選擇之外，結果到真要作抉擇之年，只能在限制之內、剩餘的可能性之中作出妥協，選取「還可以」（Good enough）的。

下表簡述葛佛森理論中各成長階段的新限制，看過內容後，我們就不難理解為何不少年輕人仍抱着「工字不出頭」、「女孩子不適合念理科做工程」的觀念了。

年齡	限制取向	限制與妥協重點
3 至 5 歲	權力	了解成人在社會的角色。
6 至 8 歲	性別角色	認識不同性別的社會角色，以及依性別刻板印象制定的相關職業可能，例如：照顧家庭是女性的本分；男孩子愛玩具車而女孩子就要愛洋娃娃；男性擅長機械和工程而女性就傾向關懷類的工作。
9 至 13 歲	社教化價值	孩子漸能掌握職業的社經地位分類，根據收入、教育程度、生活模式、性別角色等，並因應個人及背景狀況，不知不覺間訂下上、下限底線，將被評估為界線以外社經地位過高或過低的職業都排除在未來選擇之外。
14 歲或以上	個人的內在特質	年輕人開始意識有關個人特質的複雜內涵，包括興趣、能力、價值、性格、理想的生活模式等，將那些與自我概念和身分不相符的職業選擇排除出去。

生涯規劃教育資源

Drawing the Future 是一項創新、有趣和極富啟發性的跨地域兒童生涯發展學術研究。研究人員邀請近 20000 多名年齡介乎 7 至 11 歲的小學生，以畫圖回答一條簡單的問題：「你未來想做什麼？」然後對畫作的內容作分析。結果與葛佛森的限制和妥協理論不謀而合，孩童的職業夢想他日未必成真，但他們對職業的觀念卻顯示出明顯而強烈的社教化影響，其中性別定型、家庭社經地位因素等尤為突出。

報告及研究計劃短片：

【資料來源：https://www.educationandemployers.org/drawing-the-future/】

【資料來源：https://www.youtube.com/watch?v=cE2VhzSGiSU&sns=fb】

由興趣出發？——「好奇心」VS「真興趣」

無論在高中選科、大學主修過程中，主流意見都是「由興趣出發」。

一位中三的學生說對生物科很有興趣，高中自然選修生物科；怎料中四下學期就嚷着要退修，因為她只對中三課程中的細胞學感「興趣」，又在測驗中取得 80 多分，升到中四才發現生物科課程內部涵蓋由分子生物學到環境學等不同課題，大部分都是她沒有接觸過的，「興趣」頓失……

一位公開試成績很不錯的學生在大學選修幼兒教育，因為她「很喜歡陪小朋友玩」。大學開課兩個月後，她選擇退學「quit-U」（近年冒起的新名詞，指大學生畢業前退學，高危時間是大學第一年，早前更有人製作了給大學新鮮人參考的「quit-U 懶人包」，一站式詳列各院校退學手續，方便用家查考），準備以公開試成績再報讀另一個大學課程；因為她發現，與兩三位小朋友玩遊戲，跟給一整班孩子當教師的差別太大了……

理論

以上的個案屢見不鮮。社會認知事業發展理論（Social Cognitive Career Theory）說明學習和經歷對個人在某範疇的效能感形成的影響，不是先天存在，而是藉成功經驗、日子有功才得以鞏固。高效能感成就興趣，又從而推動個人投放更多精力時間，甚至成為個人目標或職業選擇。我稱這為「真興趣」——從生活經驗裏發展出來的、可持續的熱忱和投入。上述提到兩個年輕人的生涯選擇，是基於對學科或專業的一份好奇心，距離真興趣還有一段路。

社會認知事業發展理論概念圖

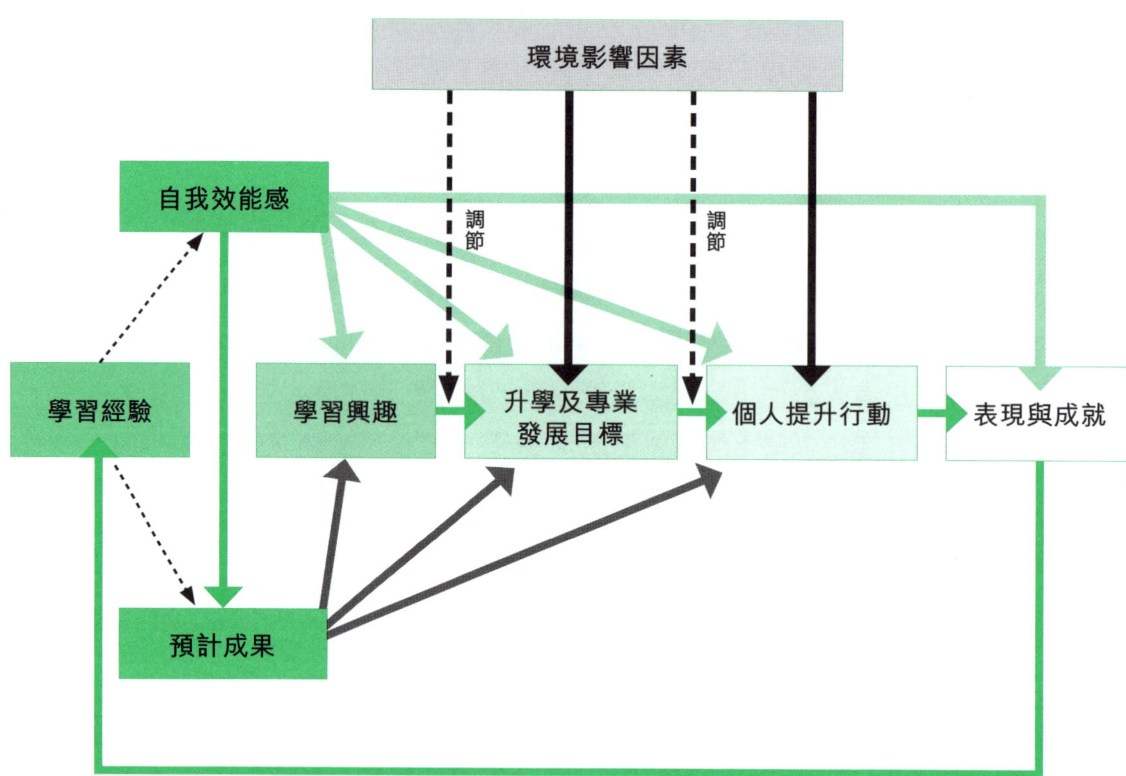

不能預測的偶然——擁抱未知的可能

「規劃」不受觀迎，因為中文的詞義讓人聯想到必然的、可操縱、一切在預測和掌握之內，但這與我們現實生活裏經驗的不一樣，甚至很多時是事與願違。我們在理解和選擇前路時，感到環境不由我們左右，掌握之中的部分實在非常有限。

理論

約翰．克朗伯茲（John Krumboltz）提出「計劃性機緣理論」，（Planned Happenstance Theory）承認生涯探索過程中的不確定性，卻又不流於消極的退避和無為。他的理論有三個元素：1. 計劃性（Planned）：強調行動，如主動學習、進修、累積經驗；2. 機緣偶遇（Happen）：能正向回應和把握身邊出現的機遇；3. 心態看法（Stance）：抱持開放的態度，懷着好奇心和探索的態度。

此理論沒有排拒個人為未來作準備，相反，它肯定個人在生涯發展過程中，以正面態度與環境互動可能帶來積極的影響。生涯規劃教育的目標就是要幫助年輕人建立一種態度，包括：

- 好奇（Curiosity；探索新的學習機會）；
- 堅持（Persistence；儘管遇到挫折還是堅持到底）；
- 彈性（Flexibility；隨着情境改變態度）；

- 樂觀（Optimism；將機會視為可能達到的新目標）；
- 冒險（Adventure；願意擺脱因循的行為模式去嘗試新行動）。

應用提示

簡而言之，無論得時不得時，今天你所認識的人和事，不知不覺更新、塑造與昨日不再一樣的「你」。一些你認為是不理解的經歷、片段，哪怕有時表面看來是失敗和挫折，日後也有機會成為你事業和生涯發展的資源；因緣際會甚或不情願的情況下踏上的專業選修，此刻你覺得非常陌生和不安，但它也可能為你展開一片你不認識的、更廣闊的天地！

抱着認識新朋友、一點點冒險的心態面對生涯路裏的偶然，不過分執著所謂的「不夠好」，沉着認真的嘗試，往往有意想不到的驚喜。

人生有 PLAN B

很多時，個人堅持的「最好」，僅建基於對自己現有特質、資源和能量（Capacity）的認知，配對眼前存在的、可行的選擇，例如一位選修理科的高中畢業生，從過往的學習經驗中逐漸建立對物理、工程學科的興趣、對個人能力水平的回饋，她升大專選專修時，也以這類課程為首選；當時考量的是從成長過程中學習得來的職業觀念，評估哪些選擇是與她相配；然而身邊家人和朋友，都明示暗示女生選物理和工程太「男性化」，未來職業選擇和工作環境是男性的天下，她也開始動搖，考慮選會計、財務等被視為「文職」的專業，是否更理想……

了解自我個性、興趣與能力，反思社教化職業觀對自身的影響和衝擊，有助探索和深入了解的不同可能性，是生涯規劃的重要過程，也是個人邁向成熟的關鍵時刻。抉擇是一個充分知情的過程（Informed choice），是對人生和生涯負責和成熟的表現。

可控不可控？

不過，人生際遇中還有數不盡的人際和環境因素。我們得承認，可以主觀意志去「規劃」、掌握、控制的部分，在人生的長流裏實在非常有限。但這不等如我們放任，甚至放棄了解自己的需要、拒絕學習和探索自己理想的不同可能，放下做夢的心。**智慧人生，在於我們認清自力的重要，同時又理解種種限制和未知，選擇積極的心態，把握機遇。**

前文提到的年輕人，進入了大學電子工程系，可惜不是她期待的「三大」。起初她與舊同學比較，真有點自卑。她可以選擇“decline offer”或“quit-U”，下年再申請聯招，挑戰她心儀的「三大」，也可以選擇積極投入學習和校園生活，發掘新的可能。她選了後者，在大學找着很多機會，由海外學習、參與研究、學術比賽到職場實習，她都獲科系重視，畢業前已清晰下一步並向研究院課程進發。我們會否因為執著於「最好」，而忽略了什麼才是此時此刻的「最合適」？

以作升學選擇為例，除了考慮最適合的、夢想的課程，也得明白該學科與個人志趣如何配合，競爭激烈，最理想的也有可能落空。每個同學都要有「兩手準備」(Plan B)，可由與目標課程相關的學科開始，考慮相關而要求較低的課程。每間大專都有其出色或特色課程，不贊同只靠所謂「大學排名」選科。立志行醫助人的固然值得欣賞，但也可探索其他與醫療專業相關的課程，如護理、職業治療，以至社康服務課程。找機會與目標課程的教授、學生、中學的師兄姐談談，眼界開闊一點，就會發覺選擇不如想像的局限，也幫助自己調整規劃方案。

選擇仍在

網絡媒體上有關「生涯規劃」的討論，易把「規劃」視為社會對學童和年輕人加壓的代名詞。不同人談論的「生涯規劃」，本質和理解可能南轅北轍。生涯規劃，簡單來説不就是我們對「現在」

的我和環境的理解，從而走向「未來」的想像、期盼和準備嗎？如是觀之，我們在不同的年紀、成長階段和身分角色，也會對「現在」和「未來」好奇吧！

有時候，校園裏生涯規劃教育過於工具化，如純粹資訊傳遞、用簡化的興趣測驗配對未來升學就業選擇等，少了回到原點，重新思索在今日的香港，工作、生涯與生活的意義和關係。生活不容易，但在此時此地，我們還有選擇不同生活方式的可能，有夢想的，仍有讓我們頑固地追尋的空間。

生涯故事

任勞任怨，為學生多走一步

—— 葉偉民老師

匯知中學前升學及就業輔導主任、現任助理校長

葉老師自 2012 年起擔任升學及就業輔導主任，在別人眼中，他是一位生涯規劃教育工作狂。他非常積極為學生創造探索生涯出路的經歷，不同班級、不同興趣和能力的學生的機會都是均等的。學生視他為朋友，遇到不同的選擇困難，也會找他傾訴，尋求意見。不要以為這是理所當然，他全情投入生涯規劃教育工作，差不多每星期都親身帶隊，領學生到大專、企業參觀和進行體驗式學習，所花的時間和努力，遠超越學校的期望或指標。

尋尋覓覓的路程

他經歷過生涯抉擇的迷惘時期，明白同行者的支持有多重要。

葉老師喜歡與人接觸，特別是青少年，自小希望從事青少年或文字的工作，在大學選科時，以中文系為目標，而社會工作學系也成為理想之選。最後，他選了中文系，一方面裝備自己從事文字工作，亦可以擔任老師，與青少年接觸。

大學畢業後，他沒有立刻加入教育行列，反而嘗試過不同的工作，從中探索如何實踐個人理想。他在小學補習社當導師，工作環境十分舒適，但漸漸感到這與從事青少年工作的想法不太一致。又曾在一所跨國非政府組織擔任「項目協調員」，他有機會走訪接近一半的中國國土，與不同人士接觸，滿足他「敢於冒險」及「好奇心」的性格，不過這亦非他心儀的工作。他認清自己的期望後，申請接受師訓，投身教育工作。

什麼叫最好？

回想生涯抉擇的過程，葉老師有這個體會：「最大的掙扎是我對抉擇的信心。很多時，我會擔心自己的抉擇是否『最好』。希望是『最好』的抉擇，很多時都會迷失，有時又會懷疑自己的能力是否可以勝任。」

在接受師訓期間，他曾被導師批評「唔識教書」，對他而言是很大的打擊。這些迷失時刻，他叫自己冷靜下來，思想最初的目標是什麼，讓自己重新整理思緒；當懷疑自己的能力時，他找資深人士諮詢，尋求意見。面對「唔識教書」的負評，他主動向實習學校的督導老師、副校長討教，向他們提出觀課，多學習以鞏固自己的信心及能力。自此，不恥下問成為他作生涯抉擇時的「好幫手」，如面對學校崗位調配、升遷等安排時，他會與具相關經驗的前輩交流，了解新崗位的工作性質，作最好的裝備，才迎接挑戰。

同行者的支持

在成長過程中，特別在生涯抉擇的關鍵時刻，家人及老師對葉老師的影響可說是十分大。「媽媽給我的自由度是讓我敢於發夢、追夢的關鍵。」葉老師回憶當年他中三選科時，也如很多年輕人一樣，被「選讀理科前途較文科有前途」這普遍想法困擾。他自知不是念理科的材料，聽到媽媽説：「你讀得開心，你應付到就可以，書是你為自己讀，不是為別人讀。」讓他有勇氣肯定自己的選科抉擇。

在工作上不太如意時，他修讀輔導課程時的老師陳寶安博士的信任和提醒成為他的明燈：「你想想在這崗位上，神要你學些什麼？你可以學到什麼？你信得過神的安排嗎？你還未學會要學的東西，你就想離開？」

這些經歷，讓他學會從不同層面欣賞學生的才能，更明白只要給他們提供機會，讓他們發揮，他們就能接納自己、欣賞自己，建立自信心，找到自己的一片天。

在過去的經驗中，葉老師遇到不少動力稍遜、自信心較低的學生，在老師信任及鼓勵下重燃他們的動力，主動規劃個人的發展方向，以及為理想而堅持不懈地面對挑戰，這是他最欣慰的地方，亦鼓勵我堅持在學校推動生涯規劃教育。

匯知中學升學及就業輔導網頁：
https://www.qualiedcollege.edu.hk/CustomPage/paragraphGroup.aspx?ct=customPage&webPageId=24&pageId=32&nnnid=29

匯知中學生涯規劃資訊站

第二部分：
誰是孩子的生涯規劃導師？

" For me, becoming is not about
arriving somewhere or achieving a certain aim.
I see it instead as forward motion,
a means of evolving, a way to reach continuously
toward a better self, The journey doesn't end."

—Michelle Obama

「對我而言，存在不是要達成目標，
我認為那是前行的動力，
演化的途徑，
不斷變成更好的自己。
這旅程不會終止。」

——米歇爾・奧巴馬

第四課：
誰是同行者？——輔導員、友師和人生教練

中文大學何瑞珠教授運用香港 PISA 研究數據（可參考：http://www.fed.cuhk.edu.hk/~hkcisa/nl/newsletter_vol21.pdf），於 2015 年發表調查結果。高中畢業生在預備升學就業時，三項他們認為最有幫助的途徑分別是：

1. 與學校老師個別或分組傾談；
2. 與家人或親戚傾談；
3. 搜尋互聯網。

研究調查結果

不是說生涯規劃教育必須包括自我認識、升學出路及職場探索活動嗎？這固然不可或缺，因它們是作生涯抉擇時必須的個人資源，但面對舉棋不定、需要鼓勵支持的情景時，個人化的輔導和家人的關注和意見，是非常重要的。因此，老師和家長都是年輕人生涯發展歷程中的同行者，不要輕看你們的影響力，包括你們的一句話！

同行者的身分是多元的，有時是輔導員（Counsellor），有時是友師（Mentor），有時是人生教練（Life coach）。輔導是與年輕人在互信的關係中，共同探索達致生涯目標或解難的方案，讓年輕人感到被尊重，邁向成熟。友師與年輕人之間建立的，可以是更長久的、支持的關係，友師的成長經驗和啟導，促進年輕人成長，友師的身教言教，是年輕人的楷模。人生教練就年輕人的階段需要，憑經驗、動員資源、訂定策略，讓年輕人循序漸進提升能量，達至目標。

在生涯規劃過程中，每個角色都一樣重要。

尋找生命師父

「師友關係是指一個青年人與一個非其父母而富有經驗的成年人在相處中建立互信的關係，成年人會在過程中指導、支持和鼓勵青年人。」（Life Buddies Mentoring Portal, https://www.lifebuddies.hk/en/mentoring_origin_and_development）

友師與年輕人同行，擔當楷模的角色，分享人生經驗，也給年輕人支援。近年無論政府、企業、地區組織和學校，也推動不同形式的師友計劃，動員不同專業和背景的義工參與，而學校推動的師友計劃，不少友師是畢業生，與師弟妹有額外的情感聯繫。師友計劃對年輕人的發展有正面影響，經研究確認的包括建立以青年為中心的關係、正面的情感參與、應付難題、激勵自主等，讓年輕人在抗逆力、未來規劃、自尊感和親緣關係等範疇，都有提升。

綜合相關研究和個人經驗，如要師友計劃達致良好果效，在策劃過程中有幾方面須留意：

友師：

- 揀選合適人選，不能隨意；
- 提供培訓，例如與年輕人相處和溝通技巧、教育環境的轉變等；
- 提供小組支援，彼此支持。

學員：

- 自發參與，不能強迫；
- 篩選合適的人選（Readiness）；
- 背景較薄弱的優先。

計劃：

- 良好的協調和監察；
- 安排友師活動及提供特定指引；
- 家長的知情及參與；
- 對友師活動的頻率、計劃年期及如何結束作清晰安排。

生涯規劃教育資源

「友・導向」

由扶貧委員會籌劃的跨界別職志師友計劃。計劃旨在社區推動師友文化，促進青年人向上流動的能力，從而減低跨代貧窮。鼓勵企業及市民成為友師，給予青年一代（特別是高中生）啟發和指導，幫助他們拓闊視野，積極投入教育、培訓或就業，規劃未來，並為自己訂立的教育、培訓及事業發展的目標作好準備。

【參考資料：https://www.lifebuddies.hk/ch】

個人化的生涯規劃

傳統的升學就業輔導以提供升學及職業資訊為重點，舉辦一場又一場講座，學生只是接受單向又標準化的大量資料，無疑是「低成本」，又不可或缺的活動，卻未能針對學生的個人狀況和需要；各類型的升學出路和職場探索活動貼身一點，讓年輕人選擇有興趣的範疇，深入了解；生涯規劃課程裝備年輕人跨越不同生涯階段（Transition），從不同課題和課堂活動了解個人特質。

六個循環

生涯規劃的過程，包括以下六個階段的循環：

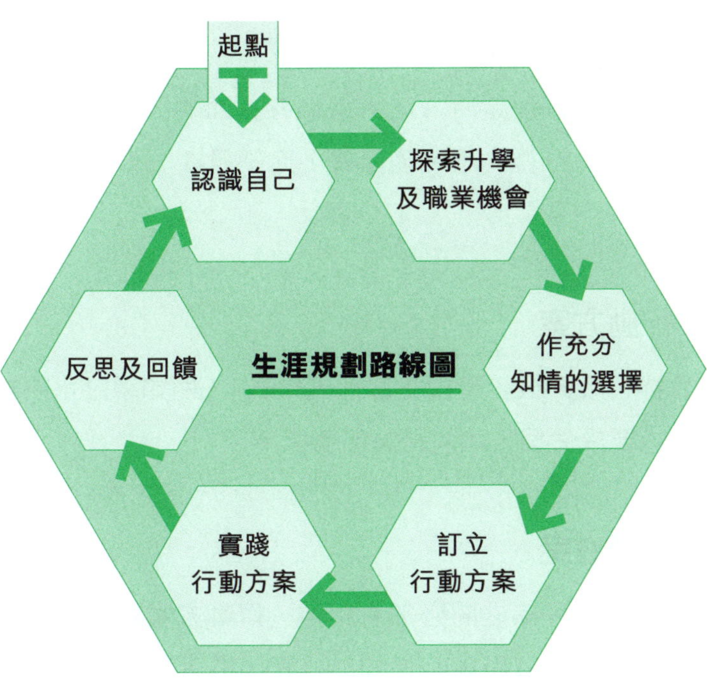

1. 認識自己

了解個人的能力、興趣、志向、對未來職業及生活的期望、價值觀等等，是作生涯抉擇的起點。了解自己的方法有很多，可以藉說故事、尋求家人、師長、朋輩的意見，又或參考職業興趣評估工具的結果等。

2. 探索升學及職業機會

掌握不同機會和可能性（課程、職業崗位）的資訊，了解哪些機會切合個人的特質和目標；也須清楚達致理想選擇的機制或途徑（入學要求、修讀年期、獲取專業資格的機制、年遷途徑等）。

3. 作充分知情的選擇

充分知情是指在做決定時，已考慮過各方面的因素，包括個人特質、社羣關係的影響、環境因素等，而不是在一知半解的情況下妄下決定。

4. 訂立行動方案

要達成目標，我們很多時得先取「入場券」，例如學歷水平或專業資格等；也要評估個人如何跨越門檻標準。

5. 實踐行動方案

個人現況與理想目標之間必然有距離，行動方案幫助我們提升知識或能力，逐步收窄距離；但知易行難，要落實行動方案須持續投入和努力。

6. 反思及回饋

在實踐行動方案的過程中，我們會檢視自己的表現和進度；有時候會發覺之前訂立的目標並不實際，得重新調校方向，也需按情況修訂行動計劃，而不是一成不變，依計劃進行。

個人化輔導的目標

最花輔導人員時間的，是必不可少的個人生涯輔導，讓年輕人在作生涯抉擇前（例如：中三選科、中六聯招及畢業後出路），得到適切的支援。因應學校資源，生涯輔導可以小組或個別面談形式進行。個人輔導 / 諮商的目標至少包括以下幾項：

1. 自我認識：可運用不同量化、質化的生涯評估工具，幫助學生了解個人的（一）職業興趣；（二）個人特質、性格、能力、學術表現及多元智能；（三）初步的生涯目標。

2. 澄清概念及誤解：適時提供學生所需的出路資訊，分析學生在生涯抉擇可能遇到的問題及困難。

3. 為升學及就業選擇作好準備：以中六學生而言，可包括（一）聯招選擇；（二）其他出路選擇及申請優次；（三）各項升學、出路申請的準備（例如：OLE 紀錄、個人自述）。

4. 提升學生探索未來、訂定行動計劃的動力。

在我服務過的兩所中學，高中所有學生都有個人的生涯輔導，由一位輔導老師跟進六至十位同學的小組，動員的老師和班主任每年達十多位，也須給予同工培訓，讓他們掌握一定的生涯輔導技巧和出路資訊。雖然不容易，但多年來從學生回饋數據所得，不論學生的學術能力、背景如何，他們都認同個人輔導，有助他們了解自己的特質和思考未來路向。

子女的第一位生涯導航員

印度電影界天王阿米爾．罕（Aamir Khan）其中一套作品《作死不離三兄弟》（*Three Idiots*），討論高等教育和精英主義等社會問題，啟發不少教育工作者和觀眾對年輕人生涯抉擇的思考。另一作品《打死不離三父女》（*Dangel*），探討女性在男權主義下尋找發展個人潛能的空間、職志的可能，又是一齣滿有誠意和社會意義，卻絕不賣弄高深説教的作品。

《打死不離三父女》由真人真事改編，一位為生活放棄摔跤運動的父親，不顧身邊人的歧視嘲笑，把兩個有潛質的女兒以嚴格的非正規方法訓練成材，在國際摔跤運動舞台上為個人、國家取得突破的成就，打破印度女孩只能結婚生子的生涯定律。不少情節片段，都值得細味深思，不過，就那位父親的心態行徑而論，無可置疑是「虎爸」的佼佼者！

電影最後十分鐘，講述虎爸被奸人所害，被困於雜物房，無法現身女兒摔跤的決賽；不知就裏的女兒非常焦慮，因為之前出勝的賽事，都有父親在關鍵時刻提點，她才能使出適當的戰術而取勝。事實上，這是虎爸虎媽們的教育方程式——子女們的勝利和成就，一直都是父母貼身跟進、優秀策略指導的成果；子女的成績，是兩代人互相融合牽引的結晶。

作為觀眾，我與父女倆一樣的焦急，從勵志電影或個人主觀意願出發，我預期會有奇蹟出現，虎爸被救出來，在比賽完結前的最後一秒才出現……我喜歡這電影，因為父親到比賽結束時也不能脱身，他必須承受、學習他不能參與女兒每個人生和事業的挑戰，並要放手讓她面對。女兒也得蜕變為不用虎爸指點，仍能站在比賽台獨戰的選手。這個安排，是對電影前段一百多分鐘最發人深省的呼應！女兒勝出了沒有？至此已過分劇透，讀者可以自己找答案。

家長才是最佳導師

在這崇尚個人自由與選擇的時代，家長對青少年子女的生涯發展，無論是升學、專業或職業的探索和抉擇，還有影響力嗎？有人持相反的意見，認為華人社會的家庭主導加上少子化兩個因素，使年輕人在計劃未來時逃避不了活在家長的期望和陰影下。究竟現實如何，有待全面的在地研究説明。

過往的研究成果，引證了家庭關係對子女生涯發展的重要影響：以關愛支持為基礎的家庭關係，對子女的成長產生積極作用，包括更了解個人的特質、於不同階段對參與生涯抉擇有較好的準備、更願意探索不同的升學或職業機會、對未來抱更正面的期望、較有信心作出生涯抉擇，對已作的抉擇較能堅持下去。PISA的調查結果，也引證了香港高中學生在生涯規劃過程中，受家庭因素影響，「與家人或親戚傾談」僅次於「與學校老師個別或分組傾談」，成為二十多項「對預備升學就業選擇最有幫助」因素中的第二位。家長的影響力不容否定，學校也得再思考家長教育在生涯規劃教育中的角色。

我接觸過的家長，絕大多數對子女的升學、未來規劃都抱關心和支持的態度，很多時比子女更積極參加校內外的升學資訊講座！但從以上的研究總結所得，關鍵不在家長掌握準確多元的升學就業訊息，乃是由子女孩提時開始，建立富關愛和支持的親子關係，好使在子女的成長和生涯規劃過程中，準備好擔當同行者。

家長作為同行者

我身為家長，也是教師，但卻不是必然地曉得怎樣做父母，我常有感到無助無力的時刻。基於我的價值、信念、理性、掌握的資源，擔當母親的我為女兒作了大大小小的關鍵決定，但明白將來數十年享受或承受結果的，是女兒自己，我只能盡可能在過程中給予支持。責任大，風險高，我完全明白家長在現實「不要輸在起跑線」的陰影下，一代比一代提早對子女施行全方位操練，走大家以為較安全的路，可謂用心良苦。

每位年輕人都是獨特的，我們不能用一個理論框框去解釋所有人的經驗和成長歷程。家長要認識「生涯規劃」，我希望達到兩個目標：

1. 刺激家長思考子女在準備未來、規劃人生的重大任務中可能面對的困難，而和家長在過程中如何扮演正面而積極的角色。

2. 挑戰在今日香港社會我們認同或被迫跟隨的那些「成功方案」，反思事業、工作的價值。

家長的兩難

我的女兒已過 20 歲，在本地大學進修。回想廿多年來的生活，我敢說，為人父母的心力、勞累，不能用「400 萬」作「等價交換」。沒錯，是超過 20 個年頭。就是在懷胎十月之中，為人父母已開始為養育兒女作各樣安排，如要聘請家傭、雙職計劃等而費心。女兒出世那一年，正是我開始在學校負責升學及就業輔導工作的時間；可能是「職業病」的關係，好幾個與女兒生涯發展相關的片段，都有很深刻的印象。

慶幸當年還未流行滿一歲的小朋友已要「上學」到 Playgroup「發掘多元智能」，也不需要入學前三年到幼稚園報名、在校門前守候數天為取得報名表格，又或在她還是牙牙學語時參加入學面試培訓班。但我還是很着緊她的「教育機會」。

那時有個說法，幼兒聽莫札特對大腦智力發展有幫助，我沒有深究可信與否，也買了一、兩輯歌集全天候播放。不過，據我觀察，她對這些「背景音樂」不感興趣，反而對一些廣東傳統兒歌反應雀躍，我最後還是放棄要她呆聽莫札特（近日參考一些心理學書籍，才知道這「莫札特音樂激發幼兒智力」理論根本沒有學術研究根據！）。

「學好英文」是香港家長的心結，不容有失。在女兒入讀小學之前，我不時都掙扎，是否要豪擲過萬，購買那些專攻中產市場的英語教材；身邊每位有年幼子女的朋友幾乎人手一冊，我不買，會否令女兒落後於人？

我實在懷疑，無論教材有效與否，當每個香港小朋友的幼年時期至小學，每天都在看同一套英語卡通、聽一式一樣的兒歌、讀同一款字卡、欣賞同一系列的卡通人物……沒有差異的教育內容，培育出來的個性和腦筋會否如「倒模」一樣，欠缺個性？我的教育學訓練，是否與這套教學原則相符？最後，我沒有購買那些教材，反而選擇了每晚在輕鬆的氣氛下，陪她讀不同的中英文故事書；到書店讓她選擇要看的書。

女兒就讀的幼兒園着重培養生活自理、強調活動教學，也沒有在讀寫聽説方面行過早過強的催谷。自覺不是「愉快學習」的支持者，但我希望女兒接受的教育方式，能對應她的能力、學習風格，重視品格的培育；更重要的，是她能感受老師、工友對小朋友的愛心，使她漸漸建立學習的信心和動力，為往後漫長的學習生涯打好基礎。對女兒的幼稚園老師和工友，我是由衷的敬佩和感激。

有一回，我跟三、四歲的女兒談到她的夢想：「長大後你想做什麼？」

「我要做郵差。」語氣頗堅定地答。

「負責派信的郵差啊？為什麼⋯⋯」心裏想的是「不會吧！一個身型細小的女孩，要背着沉甸甸的信袋在街上跑嗎？」但理智叫我不要作任何否定的回應，一個幼稚園學生的事業夢想能延續到長大後，然後成為事實的機會應該很微吧！

七、八歲前，女兒提起過的理想職業還包括手錶設計師、老師⋯⋯每一個選擇，都能從家人的關係中尋索到蛛絲馬迹。所以説，在成長階段的小朋友，他們接觸的人和事、校外校內所有的生活經驗、家長對小孩子夢想的回應，哪怕只是一個鼓勵、驚訝或不以為然的表情，都在點點滴滴地累積，塑造他們對工作的認知和觀念。

為孩子的生涯發展打底

每個人都是獨特的、有一定但不相同、且不同程度的天賦，不同的成熟進程，只待機會和時間去發揮；孩提時代，就得由家庭教育開始生涯規劃！

由幼兒至初中階段，是建立「工作觀」的基礎時期，父母、師長作為成長過程中的關鍵人物，他們的價值、態度、社會網絡，直接影響兒童和少年，對工作和不同生活角色的印象和理解。當子女踏入少年期，家長不要「代替」子女完成他們份內的任務，家長與學校是培育年輕人的夥伴，但兩者最終的目標都是準備年輕人踏進中學生涯以後的世界，開始他們的自主人生。高中階段，是時候深入認識個人興趣、能力、志向等，探索不同的升學就業可能性，為自主抉擇作好準備。

以下幾項是為子女面對未來作好準備的要素：

1. 培養子女的生活技能（Life skills），讓他們漸漸學懂自立：生活技能是指有助我們在成長的過程中得到正面發展的能力，包括學習有關的能力（例如：自學、整理所學、訂立學習計劃等）、人際和自我管理的能力（例如：情緒管理、面對逆境、時間管理、健康的生活習慣、社交、個人財務管理等）和發展事業有關的能力（例如：認識個人職業性向、求職技巧、訂立事業計劃等）。

2. 鼓勵子女學習取捨，選擇參與一至兩項課外活動（其他學習經歷），爭取機會參加一些與個人有興趣學科相關的活動或比賽，從中取得種種經驗、成功感，探索適合自己的發展方向；也從掌握知識、技能的時候，學習為個人的決定負責，更要有毅力堅持，不輕言放棄。

3. 擔當子女的同行夥伴，與子女一同探討他們的升學或職業興趣。家長用説故事的方法也好，用量化複雜的評估工具也好，家長為子女作生涯輔導的目的，不是要給他們提供抉擇的答案，而是刺激他們思考、尋找答案。在同行的交流中，讓他們從你的經驗中反思、學習。

家長要與年輕人談生涯規劃，得先由作榜樣開始。**不論我們職業、崗位、地位如何，也以最大的努力和專注去面對我們應擔當的任務，就是專業、尊嚴，這些就是子女能從你身上學到最珍貴的人生功課。**

打開孩子的眼界

經歷是探索個人興趣、拓展眼界的基礎，對人、事或環境親身接觸和了解過，有助我們建立對某個範疇或羣體的認同感。登高望遠，我們要給年輕人看見更多未來升學就業機會的可能性，還有更大的社區、更遠的地域、更多元的文化和生活方式等。我們盼望，未來的一代能擁有比我們這一輩更廣闊的胸襟和世界觀，他們生活和工作的「社會」，無論從實體和虛擬角度而言，邊界都在我們所能想像之外吧。

有一次無意中看到一個日本電視節目：任職自然景觀攝影師的父親，帶着兩個看上去五至八歲的兒子，用他恆常的方法（即不是豪華親子旅遊）到北海道好幾個地方，拍攝雪地上的自然和動物生態。兒子參與爸爸與別不同的工作日常，近距離接觸平時只能夠在動物園見過的野生動物。我一邊看這個節目，一邊想：兩個孩子的世界真大啊！

在香港，也有社工爸爸，帶着兩、三歲的小兒子，往台灣踏單車環島遊。親歷過這類「體驗」的孩子，他們的眼界，對身邊事物、對未來的想法如何，我很好奇！

提到「經歷」，我們自然聯想到「資源」；「資源」當然包括金錢的投入。在不少家長和教師眼中，要提升年輕人的生活經歷，無錢，不行；不花費於額外的服務，不行。但以個人觀察，花錢參加不同類型的訓練班、遊學團等對個人成長而言，「票價」不一定與之成正比。

兩位爸爸的親子之旅的難得和動人之處，是父親全然投入的愛心和時間，那才是最寶貴而不能以金錢替代的資源。在教育層面，欠缺家庭資源的孩子，學校給予他們生活經歷的機會尤為重要。教育同工可以做的，除了為學生提供更多學習和工作相關經歷的資源，也得超越「搞活動」模式，以因材施教為原則，為擁有不同潛能的年輕人提供發揮的空間。若我們能為年輕人的未來做些什麼，那會是提供最好的成長土壤吧！至於每顆種子發芽後的日子，就要看他們的選擇、努力和機遇了。

能為孩子做的事

我接觸過的家長，絕大多數對子女的升學、未來規劃都抱關心和支持的態度，有的甚至主動成為子女的「伴讀」，自修高中課程、比子女更積極參加升學資訊講座等等。家長用心良苦，誰有資格怪責他們是「怪獸」？要思考的，是家長「同行者」的角色如何在子女的成長和生涯規劃過程中發揮正面積極的影響，這裏以一個 V-CARE 模式將重要的元素整理起來：

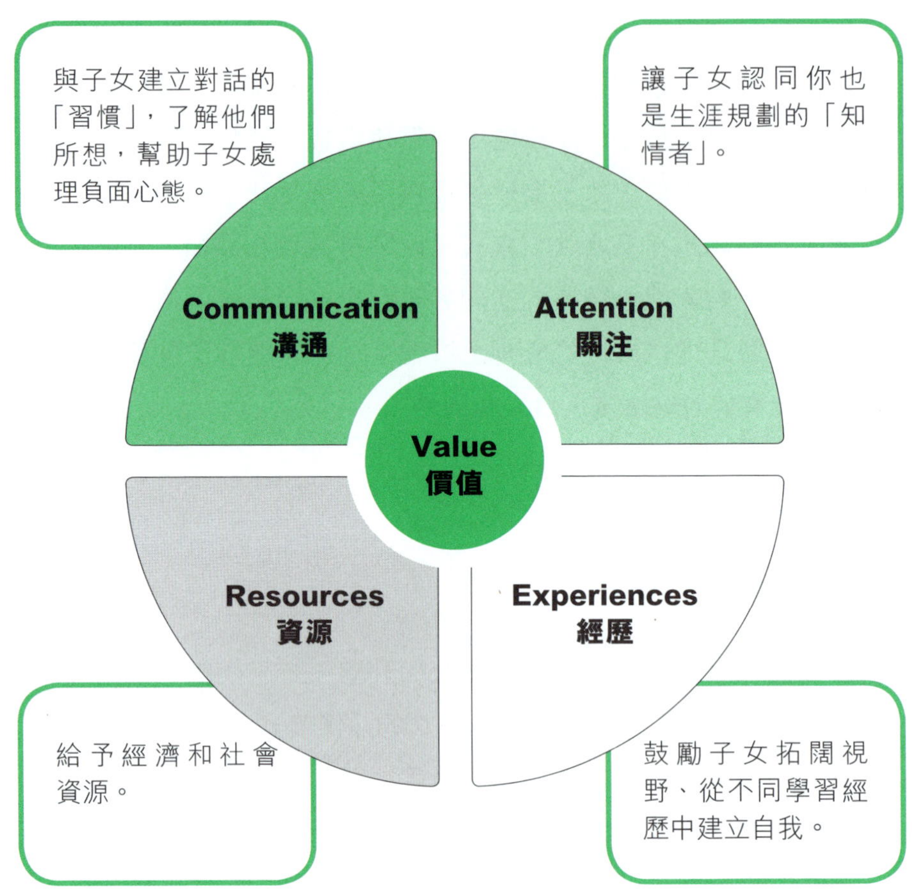

1. Value（價值）

「價值」主導我們行事為人的想法和觀念，是同行者最核心的生命特質。任憑家長為子女的升學和未來職業選擇作無懈可擊的準備和投資，身教言教始終是子女從小賴以認知世界、建構職業和工作觀念的基礎。家長是子女第一個生涯導師——父母對生活、工作、事業的態度和想法，抱持的工作價值，對職業和社會的使命感，子女都在看在聽在觀察。若父母以「有一日過一日」的態度看待工作，終日抱怨上司同事，又或將金錢奉為唯一工作目標，又或極度沉迷「工作」而忽略了家人或健康……孩子們會怎樣看未來？所以，家長希望子女長大之後，有怎樣的人生態度，必然為他們作一個榜樣。

2. Communication（溝通）

多了解子女在不同成長階段，對個人能力、活動參與、人際關係、未來抱負等想法，無論是他們感自信、自覺不足、以至恐懼……這都有助我們與子女建立對話的「習慣」；家長也有機會適時介入，幫助子女處理負面心態。溝通的目的不是「套料」，而是互相理解。信任和尊重是良好溝通關係的基礎。當子女發現你表面說支持，然後又將你預設的答案（例如：讀社工、音樂有什麼好？還是工商管理有用……）套在他們身上時，下一次他們不會再有勇氣告訴你自己心裏的想法。

3. Attention（關注）

給予「自由選擇」與「放任」是兩回事。循不同途徑跟進每個關鍵階段的可靠資訊，保持與校方（特別是學校升學輔導老師）聯繫。你不能、也不應代替子女作升學及生涯抉擇，要是他們認同你也是「知情者」的話，會更重視你的見解。

4. Resources（資源）

資源可分為兩個層面：經濟上的預備和限制在升學過程中固然重要；父母、親友不同的職業背景、經驗和人脈，都有助年輕人了解多元的可能、鎖定學習目標，以致在事業起步的階段得到更多機會。

5. Experiences（經歷）

參與活動的目的不是為升學就業，方便申請時多幾個項目「做靚」個人檔案。事實上，年輕人建立自我成就感、真實地體會個人的能力興趣以至限制、磨練人際技巧⋯⋯都是參與不同活動和羣體生活的成果，預防子女成為「高分低能」一族。這樣，他們不單懂得考取好成績高分數，還要懂人情世故、具備同理心，這些才是人生最寶貴的裝備。

人生充滿未知之數，但我們還可以為每個生涯發展階段的挑戰做一些準備。個人成長不會奇蹟地自然發生，就像種子發芽生長，須有陽光空氣和各種養分，幼苗吸收日月精華，順勢而生，假以時日才能長成良木——家庭和學校在支持年輕人生涯發展的角色，也是如此吧！

最卑微、最基本 —— 作孩子的守望者

執筆之時，是 2019 年 10 月 1 日 —— 過去的一百天，整個香港變了樣，過往平穩和可預期的生活狀態、我們一直以為理所當然又頗感自豪的社會價值和運作常規，一下子破碎了。種種政治思考和爭論，也許超越了我們能處理的水平，但同時驚覺，年輕人對自身和社會的想法和期望，予我們 60、70 年代成長的父母師長之輩是何其陌生……

未來大環境是困難的，但我仍相信無論政局和經濟如何，如《聖經》説的 "hope against hope"，在最困難的時刻和處境，相信上帝會讓我們見到人性的美善，相信下一代仍有發揮能力、實踐理念、貢獻社會的空間和機會。保持盼望的同時，可以肯定的是「大家長」式的教育和家教模式已失效，我們意識到年輕人不是「機械人」，他們有自己的想法、價值、所珍惜和追求的，即或與我們的不一樣，但他們卻願意以行動守護信念、也能有令人意外的領導能力、創意、團隊協作能力。

這讓我重新思考我們的角色。原來，很多時候我們什麼也不是 —— 不是教練、不是導師、更不是「話事人」—— 只是卑微、安靜而有耐性的擔當年輕人身邊的「守望者」，給予接納和關心，相信他們的能力，也相信他們經深思熟慮、以良知所作的抉擇。

我給家長寫了以下「與子女同行家長約章」，彼此提醒、共勉。

- ✔ 在理想與現實出現落差時，不管如何，我們對孩子的愛不變。
- ✔ 當所有人因理想與現實的落差而放棄時，我們無條件的愛和信任是對孩子最大的支持。
- ✔ 我們堅定地作孩子的守護者，與他們携手面對人生的逆境，也一起探索未來不同的可能。
- ✔ 我們接納自己也會犯錯，學習接納自己的不是；同時，也不忘與孩子分享成就。
- ✔ 今天就讓我們和孩子一起立志，在各自的崗位上做好本分。

生涯習作

家長是孩子第一位生涯導師，我們的一言一行，子女看在眼裏，在不同的生活事件中，我們在傳遞一種怎樣的價值觀？

1. 下圖兩位媽媽在街上見到清潔工人，對子女説了一番話，你認為她們分別説了什麼？不同的內容如何塑造孩子對職業的觀念？

近似的故事，每天都在上演，以下的網上報道，可算是少有的「感人至深小故事」。

2. 報章標題：「工作全身污漬坐港鐵　4 歲女誤會無沖涼　母：係辛苦工作的證明！」

資料來源：〈工人全身污漬坐港鐵　4 歲女誤會冇沖涼　母：係辛苦工作？證明！〉《香港 01》23-2-2019

文章節錄：

童言無忌的女兒即向媽媽稱：「媽咪，叔叔對手同衫衫都好污糟，佢好曳曳，唔乖唔沖涼……」

媽媽見女兒未懂世情，於是馬上解釋：「叔叔唔係曳唔沖涼，而佢好乖同好努力，喺佢身上嘅都係辛苦工作嘅證明。」

「叔叔，今日辛苦你啦，你好乖呀！」

如你是那位母親，你會對女兒說什麼？為什麼？

召命

—— 詹家俊

《港故仔》發起人及導演、同心圓敬拜福音平台義務攝影師、電影《毛俠》攝影師

「我叫 XXX，香港土生土長，700 萬個故仔，成就一個香港故仔。」

每一次聽到《港故仔》香港人故事尾段這段對白，我有一種雞皮疙瘩的感覺。能想像到、感受到聲音背後那股強烈的精神和情緒。

詹家俊（Wallnex）是《港故仔》的發起人之一，計劃的出現是一場夢之旅，也讓他踏上意想不到的創路旅程。

夢的工程師

父親經營工程公司，在兩地設廠，Wallnex 自小也沒有想太多，認為繼承家庭事業理所當然，他中學讀理科班，之後升讀香港科技大學電子工程系，畢業後在公司由低做起。在大學時，有天賦的同學可以研發創新的技術，一種如魚得水的狀態，將能力發揮到最好。他意識到自己在這方面不是那種頂尖人物，但作為工程師仍勝任有餘，十年以後他還是感到很滿足。説起興趣，他曾是業餘漫畫家，白天上班，晚上就是不斷在畫，提起他的四部作品，還是有點沾沾自喜。後來，他改變了説故事的方式。

七年前，他開始放下畫筆，為自己的婚禮製作了人生第一條短片，內容是夫婦倆的成長片段。自始他開始對拍攝產生興趣，自行鑽研之餘，也為同心圓敬拜福音平台義務拍攝 MV 和活動。一次和幾位基督徒友人旅行，談到都想為香港做一點事，「腦震蕩」之下，一個天馬行空的計劃就此拍板！

一週一個奇蹟

《港故仔》的 tag line 是「一個香港，一個精神，一個目標，三個信念」，目標是每週日晚上載一個三至四分鐘的香港人故事，連續 100 週。2016 年 5 月 1 日計劃起動，7 月 2 日在網上平台上載第一個港故仔（張偉鋒 Danny Cheung：夢想定麪包？ Why not...）。幾個策劃人各有工作，如何在沒有資金、沒有外界技術支援的情況下，每週自行製作一段全新故事？人物主角何來？一份傻勁，一個堅持，無數的難題……

Wallnex 是團隊的導演，負責拍攝工作，他投入製作的時間非常多。他話不多，但旁人會感受到他的全情投入和認真，幾分鐘的片段用上幾天去拍；故事方向走錯了就重新寫稿錄音拍攝……要做好一件事，達到專業水平，沒有捷徑。團隊強大的信念，自然吸引有心人加入幫忙，無償參與製作，有寫稿的、翻譯字幕成英語的、寫主題毛筆字體的、攝影的……用 Wallnex 的話：「上帝將不同的人藉《港故仔》聯繫起來；作為導演就是要讓各人在製作崗位上好好發揮。」

《港故仔 1.0》奇蹟一般地完成任務，守着一個星期一個故事的承諾，也在社會和教會間引起一些迴響；團隊隨即開試《港故仔 2.0》，創造另一次奇蹟……

計劃開始的百多個星期後，Wallnex 作了一個艱難的生涯抉擇，他由全職工程師 / 業餘攝影師，成為全職攝影師。對攝影工作，他是滿滿的感恩，上帝讓他找到一個他意想不到召命——由幾年前一個對攝影完全不認識的新丁，三年之間藉他創造的影像將不同人的生命、當中的香港情和精神與世人分享，甚至參與了電影《毛俠》的製作，踏踏實實的當長片攝影師。

「既然我們有這許多見證人如同雲彩圍繞着我們，就該卸下各樣重擔和緊緊纏累的罪，以堅忍的心奔那擺在我們前頭的路程。」（〈希伯來書〉12 章 1 節）是 Wallnex 的蒙召經文，希望成為「雲彩見證人」，將生命的能量、上帝在人間的工作，藉創作傳遞真理和希望的信息，傳承生命價值，讓觀眾和讀者從中窺見信仰，認識上帝。

藉影像說故事，傳遞社會現實、以人物生命力感染觀眾，是社會行動，也是信仰行動！

就個人而言，那是福氣。艱難之處，在於父親未能理解 Wallnex 的選擇，接受不到他放棄家族生意；經濟的考慮，也是風險。

Wallnex 特別感激太太，對他的抉擇無條件支持。沒有她的愛心祝福，這條路很難走下去。

「尋找不同的生命見證，互相支持和鼓勵，叫更多香港人的故事延續、薪火相傳，讓世界看見香港的美好」是《港故仔》團隊的信念，每一個故事，就是「香港精神」的一塊拼圖小件。每一個星期，他們為大圖畫加添不可或缺的一角。用社會學的説法，他們在説一個流動的、不斷演化、更新、發展的大故事，成就「港故仔」。願他們堅持這使命！

於是，我寫下了 Wallnex 這個他不好意思在《港故仔》夫子自道的「港故仔」。

《港故仔》網頁：
https://www.kongstories.com/

第五課：
生涯規劃的願景

誰想「被規劃」?!

沒有人想受別人擺佈，告訴你要做這做那；每個人都希望被視為獨特的個體、受尊重的生命，擁有自己的想法，自行決定何時達成目標，又或是生活的狀態。因此，我們能理解部分年輕人，以至教師家長對生涯「規劃」的反感。我常說，我口中的「生涯規劃」，與你心所想的「生涯規劃」，好像不太一樣。

我曾旁聽立法會教育事務委員會會議，一位獲邀出席的人士一面痛斥生涯規劃教育活動浪費時間和公帑，一方面認為教育局應督促學校和升學輔導老師，幫助學生了解多元出路，才可作出明智選擇……那不是自相矛盾，令人啼笑皆非？究竟他想像中的「生涯規劃」是指什麼？

這兩年，在我服務的學校中有一羣同工，努力把學科學習結合生涯規劃元素，讓學生明白在課堂所學的，無論是知識與共通技能，都與未來生活和職業大有關係。舉個例子，STEM 教育活動多不勝數，我們選擇那些師生既能學習專科技能，又有機會聯繫相關企業進行參觀、體驗、影子計劃的，好將所學的知識和可轉移的技能，與現實生活解難和工作的關係展現。我們又積極聯絡社會領袖，安排對該職業感興趣或修讀相關學科的學生與領袖訪談、對話。我們不會也不須給以上活動都扣上「生涯規劃」標籤。不過，在近日的一次學生交流活動中，同學卻公開表示，學校的「生涯規劃」工作做得不足，感覺奈何又有點委屈。

讓少年人起飛

還有可做的嗎？重點不在於是否有一個標準的「好」答案，而是我們期望下一代成為怎樣的人？這是一種價值判斷！在提出所有技術技巧等建議之前，我們得徹底討論，所盼望的願景是什麼。有質素的生涯規劃教育，重點是肯定及協助每一位學生認識個人興趣、能力及願景，探索不同出路，為將來事業以至人生不同角色作準備。

我為生涯規劃教育創作了一個 4C 模式。不論家長、輔導人員，我們都希望讓正在探索未來的年輕人可以帶着以下的 4C 裝備走生涯路：

1. Stay **Curious**（不要限制好奇心）

2. Widen your **Choice**（拓闊視野）

3. **Connect** to insiders（進入現場）

4. **Commit** to your choice（全情投入）

1. Stay **Curious**（不要限制好奇心）

對已認識、未認識、以為已認識實質未認識的未來選項，抱持好奇心，不為個人選擇畫上不必要的界線。真正的「興趣」，須由接觸起步。小孩子先天就對身邊的人和事有探知的意欲，他們會看個究竟，伸手去碰觸，第一身感覺的真實直接，不是二手資料或轉述可比擬。小孩子也是滿有潛質的，給他們多一點可能，接觸不同的環境，從「嘗試——失敗——再嘗試——小成功」的規律中，不少就能從中漸漸建立對某事物的能力感，讓他們投入愈來愈多的心力和精神，視之為「興趣」，也有機會發展成表現出色的個人強項。

以上的發展歷程，看似理所當然，事實上也有理論和研究所支持。所以，每當有年輕人對我説他對某學科、某行業感興趣，有意作為升學或職業選擇，我都會「很有興趣」了解他相關經驗的感受和歷程：有志從事社工、幼兒教育的，有社會服務經驗嗎？從服侍不同羣體的過程中，對某一社羣（例如幼兒、老人家、非華語人士）特別有負擔嗎？想走音樂人路的你，對演奏樂器、創作、不同音樂類型的認識和經驗怎樣？有時候，聽到年輕人愈說愈投入的時候，我能感受到他的心志和熱誠是有相關經歷的、真實的，會鼓勵他們多走一步，勇敢地朝所盼望的願景試試吧！而答不上的，我會溫馨提示：做決定前，還得多探索清楚。

好奇心是發展和確認個人興趣、能力以至目標的第一步。成年人不能，也不應自以為有足夠的智慧代年輕人選擇升學、職業路，以考試分數作為生活的指揮棒，消滅他們的好奇心。家長、老師，以及商界能做的，**是帶他們多看學校、社會和世界的不同可能，給予體驗和嘗試的機會，年輕人自能從經驗和感受中沉澱心之所向。**

2. Widen your **Choice**（拓闊視野）

了解到不同的可能和選擇，很多時遠多於個人想像，也是打破心理困局的最好方法。**凝聚對未來的希望感（Hopefulness）**，是推動我們嘗試、堅持打拚的動力來源。

由幼稚園到中學階段，是認識不同職業和工作模式的最佳時間，透過家庭聯繫、學校生涯規劃教育活動，如職業博覽、商校合作、大專課程體驗、校友訪談等等，年輕人對職業的理解不至局限於十個八個選項。天大地大，眼界廣了，對個人前途的希望感也漸漸提升；**選擇多了，明白「成功」不只有一兩套固定模式，年輕人會更有動力為未來努力。**

在輔導過程中，學生告訴我，理想職業是醫生的話，我會了解原因。是因為醫生是備受尊重的高尚職業？那沒問題，這是價值和動機，沒有好與不好的。要以醫療專業幫助人？我會建議他多了解醫療體系裏的不同專業，互相配搭，不能代替彼此，而不同專業所需的性格與技能也不同，他也會考慮嗎？

拓闊可能性：醫療衛生相關專業

營養師	脊醫	牙醫
公共衞生專才	職業治療師	藥劑師
語言治療師	中醫	醫務化驗師
聽力學家	醫生	牙科護理員
護士	放射治療師	視光師
助產士	物理治療師	臨牀心理學家

3. **Connect** to insiders（進入現場）

進入現場是透過與行內人的聯繫，親身了解個別專業及職場。

60 至 80 年代成長的一輩，大都有做暑期工的經驗吧！我做的暑期工，包括玩具廠生產線勞工、便利店員工、大地產商的研究助理，這些都不是什麼見習體驗計劃，沒有人會給你 briefing 和 debriefing（即現在教育活動必備的事前準備和反思），但踏踏實實的在一個工作環境生活了兩個月，了解該行業的流程運作、分工和人際脈絡，也直接與不同的員工和相關人士打交道，深入了解他們普遍的工作觀和職務，面對的困難和前景等……這些親身的領悟，是由學校過渡到職場及認識人生百態的寶貴經驗。

在玩具廠我觀察到女工們在刻板的工作環境中，仍能保持開朗的心情；便利店的工作讓我掌握零售業的操作，也見識眾生相；研究助理看似是優差，卻令我明白自己不適合當「文職」。

社會和經濟模式都改變了，暑期工的選擇都少了。但今天的中學生，仍需要這些成長體驗。取而代之的是經悉心安排，以「學習——經歷——反思」為主軸的工作體驗活動，由半天的職業參觀、工作影子計劃、營商計劃、師友計劃、由一天到四星期不等的工作實習，也真夠多元化的。這是否對參與者有正面積極的影響？經驗和一些研究説明以下要素有助發揮影響作用：

- 參與者的心理準備（知道為什麼參與活動，也知道當中的內容）、有選擇的機會和動機；
- 工商、專業機構人員的支持，願意跟進和提供指導，對青年人需要有一定掌握；
- 活動策劃組織（例如：學校）對參與者的跟進和支援；
- 參與者有足夠機會與專業人員、商界義工或師友作個人交流。

時代變了，進入工作世界的準備也是「學習歷程」的一部分。從積極一面想，「知情」的途徑很多，也不規限於單一的方式，學生**對社會和未來的可能性有多一些了解，也能學會欣賞和尊重多元生涯選擇的起點！**

4. **Commit** to your choice（全情投入）

我們應該對升學、職業的選擇全情投入，承擔抉擇帶來的結果。

要是你由對某專業抱持好奇心，參與探索的活動，再親身了解專業要求的能力和特質，甚至跟從事該專業的人成為友師（Mentor），獲得進入真實學習或工作場景的機會、得聽該行業的發展歷程和前景……好了，花了這麼多功夫，認認真真的思考、經驗過才作的抉擇，必然錯不了吧！不過，經歷了三個月，你還是選擇放棄，要轉專業 / 轉工 / "quit-U"。那麼，是選擇的過程錯誤？抑或，經過深思熟慮的選擇也不保證什麼，倒不如採取隨機的、讓環境作主的心態更輕鬆？

抉擇不是事業探索的終站，而是新階段的起點。就像參加一場馬拉松，做足準備上路，**無論你了解過多少前人名將的經驗，還是要你親身上陣，憑自身的努力、堅持跨過所有已預計或未預期的挑戰和困難。路實在漫長，難免有孤獨、自我懷疑、差點體力不支要放棄的時刻。**至於你是否享受當馬拉松選手，並以此為長久目標，還是另選專業，得親身感受和經歷過才知道，無關選擇的對錯。

關於怎樣幫助青年人作選擇，下一章再談。

生涯習作

學校生涯規劃教育發展重點

面對生涯規劃教育的複雜、學生的需要、社會的期望，作為年輕人的同行者真的不容易，但那是重要又有意義的任務。香港輔導教師協會因應在香港學校進行的調查結果，擬定七個項目，作為理想的生涯規劃提案，並擬出評估工具，供學校輔導人員推動生涯規劃教育時，評估是否達到最須關注的功能。

輔導同工試反思現況，也為未來發展路向作初步分析。

生涯規劃教育的關鍵專案	評分（1→5）		分析	
	現況	理想	現行方案	因應學生需要可探索的方案／策略
1. 開展全校參與式的生涯輔導，包括有關生涯規劃的教師發展及與班主任的協調。				
2. 替學生進行事業興趣評估（如事業興趣測驗／評估），並輔以適切的跟進及輔導。				
3. 因應學生的生涯抉擇及過渡提供個別輔導及諮詢。				
4. 為離校生提供跟進及支援。				
5. 幫助學生建立價值、知識、技能，以及對工作的態度。				
6. 組織及支援學生參加與工作有關的經驗，以促進學生的個人成長和對不同行業／專業的認識。				
7. 與僱主、校友以及不同行業代表聯絡和協作，提供與實地場景有關的升學就業輔導活動。				

生涯故事

成功方程式

——王仲傑

填詞人、專欄作家；籽識教育、Under Production 創辦人

與 Kit 認識，是由朋友介紹。她說 Kit 是一個生涯傳奇人物，我一定要結識他：

會考優材生，入讀大學風險管理

2003 年畢業，遇着香港經濟低潮，雖然「收入不似預期」，但在日資銀行由低做起，漸有成績又獲賞識加入美資銀行工作，晉升至副總裁，嚐過最優質的美食；

銀行副總裁背後有個「填詞人魂」，嘗試寫詞當兼職，又每週跑到元朗中學義務教中學生填詞寫作；

2007 年，終於累積了 100 首獲公開發表的填詞作品，舉辦了《紫此一次》演唱會。

創立 Under Production，為年輕人開拓媒體創意工業的培訓和實踐平台；

2013 年，他弟弟快碩士畢業，家庭的經濟狀況較平穩，他終於決定離開安舒區，離開金融界，創辦「籽識教育」；

舉辦「今生不做機械人夢想計劃」，每年為十組得獎人實現夢想，有殘障少年出版了自己創作的繪本，有熱心家長為幾位休學孩子實踐一年的「優學計劃」，有年輕人創作個人設計品牌……在實現自己的夢想過程中，Kit 也成就別人的夢想；

不少媒體也曾訪問他，講述他勵志的尋夢故事，有時候給人「高尚、偉大卻又太遙遠」的感覺，百萬中無一，「唔貼地」。

我認識的 Kit，非常貼地。

人生風險管理

他是一個穩健平實的人，成長時期已明白基層家庭的孩子不可能發白日夢。他努力讀書，選擇商科、金融專業，就是基於這份考慮。讀風險管理的他，明白 set a trip-line 的重要，2013 年創立「籽識」前，他儲了往後兩年的生活費，保證自己和家人在生活質素不會受影響的情況下，才安心讓自己出走。

兩年時限過去，他沒有回到銀行界，算起來已是第三個兩年，工作的方向和團隊已穩定下來。起初的掙扎和時有出現的挫敗感，也確實曾讓他想放棄。特別是他自以為無私的全心付出，卻被人懷疑動機的時候，讓他最感無奈；但走出這個樽頸位，不再介懷太多閒言，他便練就了一分抵抗力，不亢不卑，走自己的路。

Kit 還是幸福的，有無條件支持他的家人，讓他可以安心工作。他們不認為他是自我犧牲，自尋煩惱；相反，家人和好些朋友，都從心裏欣賞和羨慕他，能過自己選擇的生活，為自己「創造」出來的事業打拚。

什麼叫成功？

「對我而言，成功的事業給合三個因素：財政穩健 + 個人興趣 + 社會意義。簡單來説，就是我可以生活，又做得開心，對人有幫助，現在我過的生活就是如此，那是祝福。每人的成功有不同標準，是價值判斷，除非作奸犯科，以金錢權力為重也沒有問題。但我有我的選擇。」

我的手機鈴聲，設定為《向理想出發》，由 Kit 填詞。這首歌未曾獲得大規模宣傳，未能在音樂平台下載，但對我和一班生涯規劃教育工作者來説，別具意義。《向理想出發》是我為某個大型生涯規劃教育計劃邀請 Kit 創作的作品，希望向年輕人傳遞我們對生涯規劃的信念、鼓勵他們尋找目標的心意。歌詞裏有幾句，不知是否 Kit 的夫子自道呢？

「讓我找到所愛便更堅持，過去了（我已）不再介意，學會世界裏萬事難如意，迷途或跌碰，能磨練我心志……」

《向理想出發》

《向理想出發》：
https://www.youtube.com/watch?v=n1vJGibYz24

作曲 / 編曲：陳思捷 / Gavin M.Shall
作詞：王仲傑
唱：陸東成

想看　沿途探索後發現
想聽　從前那説話兑現
想法　是我的改變

* 失去　才能珍惜快樂片段
得到　人成長的最大意義
相信　是我總可以

重拾自信心　別似過去我三心兩意
讓我找到所愛便更堅持
過去了（我已）不再介意
學會世界裏萬事難如意
迷途或跌碰 能磨練我心志 *

我要向我大理想出發
迎難再上便建立風格
前程難道要推測　我可以耀眼叱咤
我也有我的想法　能堅決便得到資格
前途自有方法　我肯試 便學會掌握
最美配搭 #
真心的對白

Repeat* Repeat#

找到方向讓我坐言前行
如尋夢發現好風景最吸引
同行路你讓我下決心
終會走到理想所愛的世界中心

向我大理想出發
迎難再上便建立風格
前程誰為我推測　我深信就在這一刻
我也有我美好想法
從泥沙跌下起身一擦
前途無限個方法　我肯試便學會掌握
最襯我配搭
怎麼走我負責

籽識教育網頁：
https://www.laviolet.com.hk/

〈會考狀元 不做銀行副總裁繼續填詞夢〉
《信報》副刊 17-06-2015：
https://docs.wixstatic.com/ugd/ecfff9_88a35a0184bf498486747d7582dc3ae3.pdf

第六課：抉擇的智慧

職業興趣 = 職業選擇？—— 抉擇是個人信念的延伸

若一位年輕人相信「擁有學位，未來就有保障」，需要安全感的他自然會以升讀學位課程為目標；若他未能入讀大學，就感到未來沒希望了，人生註定失敗；幾經波折完成學位課程，進入職場時發現學位根本不是保障，他要崩潰了。那麼，他這個「信念」從何而來？原來是自小家人灌輸的……

Challenges and events
經歷

Beliefs
信念

Actions
行動

理性情緒行為療法（Rational Emotive Behavior Therapy，REBT）是美國心理輔導學者艾裏斯（A · Ellis）提倡的觀念。人的行為很多時不是單純的理性分析，按現實情況和需要而作出「合理」的回應，我們的信念、價值判斷才是關鍵的主角。

REBT 理論應用到生涯規劃，讓我們明白一些「生涯悲劇」，乃源自偏差的想法、不全面的訊息或扭曲的觀念。另一方面，這對個人輔導、家長教育工作很有啟發性，若能修正、調校信念，應可減少非理性的選擇。輔導的策略，包括帶出正確的觀念，挑戰非理性的想法（特別是「我必須……才可以……」），也可邀請受助人透過想像、角色扮演，發現其他的可能性。

這一課，我們探討生涯規劃教育中最困難的課題：如何做選擇？其複雜性在於抉擇背後的考慮，是多元的，部分因素包括能力、技能、興趣、價值、關係、環境、機會和際遇等——由個人，到身邊羣體的影響和考慮，到升學出路或職業在社會大環境中的狀況。

有人説，「生涯規劃，從興趣出發」。沒錯的，但那不過是抉擇之路的起步而已。

生涯抉擇有策略？——抉擇原則

無論是升高中選擇選修科，中學畢業班同學選擇升學、培訓及職業出路，都是對未來有一定影響力的生涯抉擇。輔導老師和同學花很多時間了解升學就業資訊，卻較少討論如何作抉擇、如何有系統地整理個人和環境的狀況，讓年輕人對自己所選的更有信心、更願意為抉擇付出努力。奇普・希思（Chip Heath）和丹・希思（Dan Health）的《零偏見決斷法：如何擊退阻礙工作與生活的四大惡棍，用好決策扭轉人生》（*Decisive: How to make better choices in life and work*）一書提到相關概念，我把它延伸到生涯抉擇的應用。四個抉擇的原則為（WRAP）：

一、拉**闊**選擇（**W**iden your options）；

二、**近**距測試（**R**eality-test your assumptions）；

三、**遠**距觀察（**A**ttain distance before deciding）；

四、要對**錯**誤（**P**repare to be wrong）。

抉擇心魔——那些可能令你選擇錯誤的觀念	抉擇原則——重整關鍵概念	生涯抉擇的應用策略
自我規範： 將選擇局限於極少數的可能性上	**拉闊選擇** **W**iden your options	**探索多元：** 不要「非此即彼」，而是「還有什麼？」 Multi Tracking - Think AND not OR 列出目標升學、培訓出路，不論你現在的景況與目標距離還遠。除這「最好」的選擇以外，還有與它有關聯的出路嗎？有其他的可能性嗎？透過個人化的事業興趣評估工具（如香港輔導教師協會或賽馬會「鼓掌．創你程」計劃開發的評估工具），了解還有哪些選擇配合你的興趣、能力、個人願景等。 除了選擇本地院校的課程和培訓機會，會考慮海外（包括內地及台灣）升學嗎？如否，為什麼？ 與「過來人」談談 Find someone who has solved your problem 找學校升學及就業輔導老師討論生涯抉擇的機會。 與一位正就讀或曾就讀你目標課程的師兄師姐談談，了解作為過來人的經驗。 接觸至少另一位有不同選擇和經歷的，給你拓闊視野，帶來意想不到的新發現。

抉擇心魔——那些可能令你選擇錯誤的觀念	抉擇原則——重整關鍵概念	生涯抉擇的應用策略
自我催眠： 只接受那些確認你預設方案的資訊	**近距測試** **R**eality-test your assumptions	自我測驗 Ask disconfirming questions 誠實地檢視你的興趣、能力、預計成績、價值觀、財政狀況等，是否真的與目標的課程或出路相配合？ 宏觀視野（從客觀數據入手） Zoom out（Looking for base rates） 從可靠的資料來源（如聯招處、香港輔導教育協會）搜集目標出路的整體數據。 微觀審視 Zoom in（Seeking more texture） 院校的課程網頁都載有完備資料，從取錄要求、對入學學生的期望、課程架構、學習及海外交流的機會等……花時間深入了解課程細節。 小試牛刀 Conduct small experiments 盡可能把握親身體驗目標課程或專業的機會（如暑期班、課程體驗活動、試工計劃等），從接近現實的情景了解、觀察、感受你是否真的喜歡那個專業。

抉擇心魔——那些可能令你選擇錯誤的觀念	抉擇原則——重整關鍵概念	生涯抉擇的應用策略
一時衝動： 情緒主導， 欠理性分析	**遠距觀察** **A**ttain distance before deciding	假如面對抉擇的是我的好友，我會給予他什麼意見？What would I tell my best friend to do? 站遠一點，從一個客觀的距離檢視自己的煩惱，是令自己清醒的好方法。 10 / 10 / 10 原則 The 10 / 10 / 10 principle 想像你在十小時後、十個月後，以至十個月後，會為今天的抉擇後悔還是滿到無愧？如你的答案是正面的，這決定應值得你付出努力吧！ 釐清你所重視的抉擇因素 Clarify our core priorities 有哪些因素左右你的決定？例如：興趣、能力、父母的意見和期望、師長和友好的影響、對未來工作和生活方式、經濟條件的期望……有哪一、兩項對你而言是最具影響力的？為什麼？

抉擇心魔——那些可能令你選擇錯誤的觀念	抉擇原則——重整關鍵概念	生涯抉擇的應用策略
過分自信：只往最好的想，未有作最壞打算	**面對錯誤** **P**repare to be wrong	假如我比預期做得更好？更差呢？ Prepare for bad outcomes as well as good ones 如你是文憑試考生，以預計成績的基礎，如發揮得好一點，又或失準了，兩個不同的結果如何影響你的升學計劃？要是成績未如預期，現在會否先做好部署，探索多一些可能？ 定下底線 Set a tripwire 我們常常說，要忠於自己的決定，盡力達至目標，不要輕言放棄！但總有時候，我們會發現自己做真的可能做錯了決定，以為某課程是自已的夢想，但投身其是卻發現格格不入，鬥志都消失了。遇到這情況，為自己定下底線（可與輔導人員共同商議這底線是什麼），也同時開始探索另一些可能。

人生無得揀？

人生每一個階段都有機會面臨抉擇，偏偏我們常感到自己「無得揀」。如能按着拉闊選擇的原則，一方面探索多元，另一方面與「過來人」談談，視野自然可得到拓闊。但與此同時，我們的想法不能太過離地，必須從宏觀、微觀去認清現實，配合自我測驗及小試牛刀，了解實踐理想的可能性。

學生在選擇升學路向時，往往會受主觀願望影響判斷，故此理性分析是不可或缺的：多從不同角度作客觀的、較長遠的分析，比較不同的可行方案，是抗衡「一時衝動」的良方。同時，年輕人如能設定底線，為個人選擇作最壞打算，定下底線後準備重新部署方案、修訂規劃方向的準備，就算天氣不似預期，成績比想像中好或壞了，預早探索多一些可能，便可減低因估計錯誤而造成的影響。

生涯習作

你認同以下想法嗎？為什麼？

想法	認同？不認同？
香港大學是香港最好的大學！	
讀法律、醫科、環球金融的話，家人會以你為榮！	
選不到我最理想的學科組合，我就讀不好了！	
台灣和內地的學位，在香港都不獲承認。	
擁有學位，未來就有保障！	

生涯習作

個案一：志偉讀中四，成績優秀，多才多藝，尤其熱愛音樂。他有想過在大學讀音樂，也想過到外國升學讀建築，而最多人建議他的，就是入醫學院。

個案二：美兒讀中五，成績不俗，入讀大學應該沒有問題，但選擇哪門專業令她感煩惱。她對化學、化學工程、醫學工程、中醫藥都有興趣，但她擔心萬一選錯了，就不能回頭……

個案三：中二的慧慧成績中上，參與多項課外活動：排球隊、泳隊、學琴和考升級試，也是學校團契組長。近來功課多了，媽媽跟慧慧商量，要不要放棄一項活動？

個案四：中三的阿明要選科了，理科成績很不錯，數學則在中間位置。他有想過將來從事資訊科技或工程科學工作。初步會選物理、生物、ICT（資訊科技），他在考慮是否選 M1/2（數學選修單元）……

試應用 **WRAP** 模型，從同行者的角度，幫助四個個案的年輕人作出選擇。

拉闊選擇	近距測試	遠距觀察	面對錯誤
☐ Think AND「還有什麼？」 ☐ Talk to someone who has solved your problems 與過來人談談	☐ Self assessment 自我測驗 ☐ Use statistics 宏觀數據 ☐ Study details 微觀審視 ☐ Conduct experiments 小試牛刀	☐ What would I tell my best friend to do? 如果是我朋友我會怎樣建議？ ☐ 10 / 10 / 10 原則 ☐ Clarify priorities 我重視的因素？	☐ What if ? 如果更好 / 更差？ ☐ Set a tripwire 定下底線

生涯故事

聽從心靈的聲音

——林天然

初創公司 NEX Team Inc、Home Court App（籃球分析手機程式）創辦人

對林天然的印象，由他中一的綜合科學科的課堂開始。聰明的孩子，絕不是書呆子，愛發問；他是籃球健將，偶然碰見他，手裏拿着籃球往課室外跑，應是把握時間去「霸場」；帶點狂傲的樣子，有時會給人較反叛的感覺。

他在數學頗有天分，拿着理想的 A-Level 成績，入讀中文大學電腦學系，後來聽説他轉讀數學系，還獲獎學金負笈加拿大知名學府讀碩士。畢業後輾轉加入微軟和蘋果電腦公司，負責軟件開發，成績不俗。事業發展理想，他在香港自中學就相識的女朋友，願意放棄在香港的教師崗位，到美國與他結婚，組織家庭，定居下來……

可算是「人生勝利組」的標準故事。那時我與他不相熟，沒有太為意。

走出安舒區

2015 年他回港放假，偶然機會下我與他談了很久。我分享對生涯規劃教育工作的想法，有要離開工作了 20 多年的學校的打算。

他在領導全球資訊科技企業工作很有滿足感，但那難蓋過在心裏漸漸成形的掙扎，他考慮還有哪些可能，特別是科技與教育的結合，可否帶來不一樣的教育範式？

那次對話令我認識他心裏強烈的人文精神，一份想探索如何以自己和同伴的力量為年輕人、社會帶來正面改變的動力。雖然那時還未知是怎樣的一條路，但那是少數人會走的路（the road less travelled）……

接下來的故事，已在媒體裏廣泛報道，成為神話。林天然於 2017 年離開蘋果公司，與四位一樣熱愛籃球的 IT 專才成立初創企業 NEX Team Inc，在短時間內開發了籃球手機練習程式 HomeCourt，利用人工智能技術（AI），讓籃球隊員、教練、初學者單憑一部智能手機，就可邊打球邊實時收集技術數據，藉人工智能及大數據功能，分析個人及團隊技術表現及發展需要。HomeCourt 入選 Fast Company 2019 年十大最具創意的運動企業，得到 NBA 球星注資，在香港也成立了開發部門，一年間團隊由 4 人增長至 20 多人，跨越美國和香港。程式設計原理看似簡單，但所有事情就是發生在「對」的時間——軟件、硬件、互聯網和數據管理技術的躍進和普及化，還有四位富冒險精神、創意、熱誠和技術都兼備的年輕人願意走在一起——不只是一個籃球練習程式，還有機會為其他範疇的學習範式帶來根本的改變！

30 多歲的年輕人，做過好幾次關鍵又高風險的生涯抉擇，每一次的轉向，都改變他生涯和生活的軌迹 —— life would never be the same again.

確定方向勇敢前行

林天然有他一套獨特的想法，他稱之為「聽從心靈的聲音」（follow your heart）。

基督教信仰是他心靈的土壤。生命裏重大的決定，他都以禱告仰望上帝。上帝讓我們與不同的人和機會相遇，也容許困難和限制存在，但祂是我們面對人生起跌的終極信念。

他不相信操作化的、系統化的「規劃」。經驗告訴他，現實裏不同的偶然，在他身邊出現的人、事，大都不能刻意經營，但在不可知、不能計算的狀態，不時帶給他驚喜，總能讓他更了解自己，並在過程中成長。例如，在溫哥華教會裏，牧師熱誠又有智慧，對他有很大的影響，今天他持守的一些核心原則，源自當日的啟蒙；他在那裏真正了解基督教的價值，然後在那裏受洗。他也會自自然然地受到擁有熱熾的心，全情投入要做好一件事的人吸引。這些人來自不同界別、屬於不同羣體，甚或傳奇人物……都不重要，林天然期待的，是與這些“influencers”心靈上的交流，那是一份鼓勵、一種很特別的「同行」。

那是一種活潑的、容許更多可能性的生命狀態，是心靈裏的氣氛，讓他感受什麼時刻、與什麼人在一起時能讓他處於「暢態」（flow）之中，那就是他心之所繫的地方。

他是那種讓信念主導的人，先確認好羅盤的方向，往後的行動選擇就知如何設定、調教。聽到心靈清晰的呼喚，可以很快作決定；環境會改變，不可能每一個決定都帶來預期的結果，但他性格樂觀，失敗就是學習的時刻。他很喜歡一位創業家的説話："Your passion for something is, your love for that thing is greater your fears." 於他而言，價值、意義、成長機會比即時回報重要；家人的支持更重要，所以他深深感激太太的同行。

檢驗你的抉擇

作抉擇時，林天然有他的「雙重檢驗」機制：

1. Mind rehearsal：通過想像不同選項之後的「故事」發展來測試自己的心。當他身處不同的情境中，哪個更令他心跳加速？大多數時候，都是令他「心跳最快」的成為勝利者；
2. Talk to the insiders：他會從信任的人或有經驗的人那裏尋求意見，以獲得更廣或更深的見解和觀點。

聽他娓娓道來，我好像在上一堂 planned happenstance 的溫習課，不得不佩服這位年輕企業家。想來，生涯規劃理論不應是學術象牙塔裏自我感覺良好的成品，而是必須植根於真實的經歷，讓我們能理解現實的多變和多元。

後記：（註：我沒有為其他生涯故事寫「後記」，這篇是帶點私心）

讀過幾篇林天然的專訪，都隱隱然感受到記者對他平實、謙虛態度的欣賞，這點我很認同，也為他感恩！當年神情總帶點不羈和傲氣的小子，一定是在不斷的洗煉中慢慢成熟。我認為最難得的，不是他現時「世界級」的成就，而是他對年輕人的關心。他在美國一個非牟利機構擔任義務董事多年，服侍弱勢少年；每次他回香港，都在極緊密的行程裏抽空到訪不同學校，與學弟學妹、不同的年輕羣體分享；個別對數理、IT 有興趣的，他也開放 WhatsApp 與他們聯絡，願意隨時交流。希望他繼續保存這份赤子之心！

《中大校友》林天然專訪 2018 年 12 月：
http://www.alumni.cuhk.edu.hk/magazine/201812/pdf/CUAM_201812_07-09.pdf

「港仔 Apple 工程師辭職研發射籃 Apps」《蘋果日報》2018 年 9 月 1 日：
https://hk.news.appledaily.com/local/realtime/article/20180901/58630002

第三部分：

在不同階段上同行

第七課：
由生涯發展階段特質開始

由孩童到青年期的成長任務

在我們的成長歷程中，每個階段都有不同需要，也有一些成長任務。成功克服一個階段的挑戰，可以為下一個生涯階段作好準備。

根據美國知名生涯發展學者唐納・舒伯（Donald Super）的生涯發展理論，生涯發展是一生之久的事，在不同階段有其關鍵的成長任務。小學生和初中生處於生涯發展的成長期（Growth），而高中學生則進入了探索期（Exploration），直至完成大專教育，正式投身工作世界。

成長期指由出生至 14 歲，即初中階段，孩子或少年人會為未來做夢，發展不同興趣和逐步建立個人能力的階段。從為將來事業發展的角度而言，這時期的成長任務是認識「我」這個獨特的個體，和明白工作所謂何事。

探索期是指由 15 至 24 歲，經歷高中、大專教育或初為職場新鮮人的年輕人，透過在學校、社區，以至工作現實場景的參與、嘗試，逐漸確認未來升學和職業的路向，個人的職涯觀經歷結晶化、具體化、實踐化逐步成形。這階段充滿挑戰，對將來的發展也很關鍵，完成中學課程後的路要怎樣走，第一份職業是什麼等，都是極不容易的人生重大決策。對個人興趣、能力等特質了解得較準確透徹、對未來有一份「目標感」(Sense of Purpose) 的年輕人，會較有把握跨越這時期大大小小的難關。

舒伯生涯發展理論的另一建樹，是展示不同人生角色的「生涯彩虹」(Career rainbow)。1980 年代，舒伯發現，人所扮演的身分角色影響每個階段的心態與行動，據此畫出「生涯彩虹圖」(Life-career rainbow)：不同的角色就像彩虹的不同顏色，橫跨人的一生，內圈呈現凹凸不平、長短不一，代表在該年齡階段不同角色的分量。我們都擁有多於一個人生角色：子女、學習者、工作者、不同羣體的成員或義務工作者、社會公民、父母 / 家庭照顧者，在不同階段，以上角色的分量可以很不一樣。社會和環境因素在一定程度上影響角色的分量。

在香港社會，一位五歲的小學生，他的生涯角色是子女和學習者，除非家庭狀況特殊，否則他還未有家庭照顧者的身分角色。年歲漸長，他有愈來愈多自主選擇的能量和機會，15 歲的他可以熱心社會公共事務、在學校和公共平台議政參政；25 歲的他大學畢業，事業剛起步，每天放在工作和進修的時間佔了很大比例，過去在社區組織的投入也冷卻下來；35 歲，還在努力為事業打拚，但也準備好建立自己的家庭，迎接新的角色……

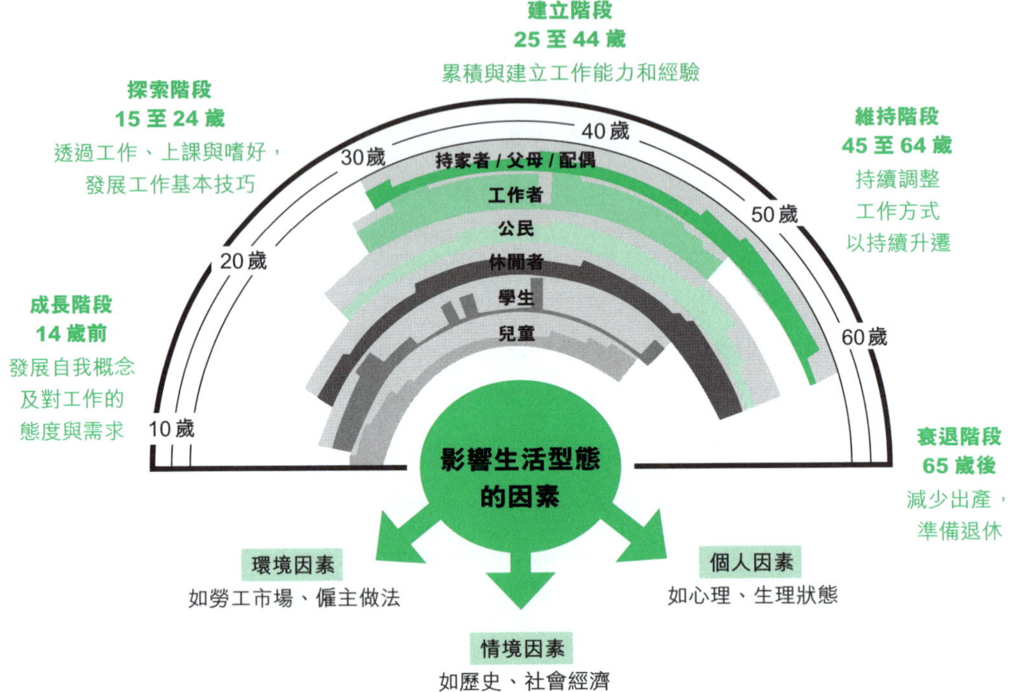

【資料來源：https://3.bp.blogspot.com/-wWZn003bzsU/VL3prxX-WbI/AAAAAAAAnh4/CsuLuukn7AE/w1440-h1116-no/%E7%94%9F%E6%B6%AF%E5%BD%A9%E8%99%B9%E5%9C%96%E5%9C%96%E8%A7%A3.png】

每個人的彩虹都獨一無二，各種色彩的分佈都不一樣。生涯不單指工作、職業，那只是眾多人生角色的其中一個。但不能否定的是，在人生漫長的年月裏，工作和事業發展都佔了很大的份額，這説明何以生涯規劃教育從小開始，是這麼重要。

生涯故事

孤獨也快樂

——關仲然

專欄作家、倫敦大學亞非學院博士候選人、

德國杜賓根大學歐洲當代台灣研究中心短期學者；

以「亞然」為筆名，出版第一本文集《孤獨課》

亞然，新一代文化人，大學階段開始在報章、BBC 平台、文化論政雜誌寫隨筆和評論文章，幾年下來累積了學術和文化圈朋友、讀者羣的支持，獲台灣時報文化邀請，出版了第一本文集《孤獨課》，收錄他在英國、台灣、德國的學術和生活旅程。以 20 多歲的年輕學者而言，是很不容易的了。表面看似暢順得很的生涯路，背後的起跌卻不為人知。

我是亞然預科時的副班主任。還記得開學第一天走進班房，30 多位精神煥發的年輕又陌生臉孔中，我留意到他，比較高大又帶點文青氣質的樣子，看上去比一般同學要成熟一點。他修讀的是傳統的理科組，我教他生物科。

閱讀中找方向

回想起來，他早就知道理科不是他的最愛：「升大學選科反沒有掙扎，因為在中六、中七時讀理科的那兩年已經有很大的掙扎，發現自己的喜好跟理科的科目有很大的距離，這種距離是我從一些早就立志要在大學讀理科的同學身上感覺得到。在預科的時候，我很快就知道自己對理科沒有興趣，我在那兩年間開始大量閱讀。讀書的過程中，除了知道自己不喜歡什麼之外，還幸運地找到自己的興趣是讀政治。我在選科的時候、其中一個人生選擇方向的轉捩點中，感到有方向、有目標，我想我真的是從讀書（課外書）之中找到興趣。」

他在課堂和考試的表現算是中規中矩，在校外學生領袖計劃中，卻非常投入，也開闊了他的眼界。他看得到組織和制度的局限，但不會謾罵不會抱怨，他等待時機，嘗試以行動帶來改變，哪怕只是很小的一步。他覺得學校對高中生的領袖訓練不夠，畢業後以校友義工身分，組織同一理念的校友，向學校提出新的暑期領袖訓練計劃；當時作為副校長的我，見到他的認真和熱心，就讓他們一試。事實證明，他們的方向和方法是對的。又有一次，學生會選舉出了亂子，同學對選舉有很多不滿，漸漸演變成非理性的攻擊。他不忍，以中七學生身分寫了一封給全校同學的公開信，情理兼備。看在眼裏，十分欣賞這位年輕人。從那時起，他的事業路已見端倪。

公開試的成績還可以，但關鍵的是他以熱誠和行動說服到中大政治與行政學系的教授。大學三年，他都在報章投稿，在大規模學術出版社和香港電台當兼職。畢業前一年已確認要申請到英國政治與行政學的殿堂級學府進修碩士課程：「考慮走學術路，首先是想做研究、做學問，對某些領域希望可以深入了解，甚至口氣大一點，是想成為某些方面的專家。另一個很重要的考慮，是我很早就開始寫作，如果我要在畢業之後繼續寫作的話，我或許可以選擇做記者，但我在大學時在報社、電台、出版社都待過不短的時間，覺得自己未必最想朝這方向發展，那麼讀研究走學術路會是另外一個選擇，一個可以讓我有更多資源、更多空間寫作的一條出路。我大概從 undergrad 後半階段，就想讀研究院，但實際上 PhD 是讀什麼、在哪裏讀等等，都還存在很多未知。」

走下去的力量

想做研究、走學院路，這一種生涯的選擇，比較起來就是充滿未知和不確定。無論最初報學校，到做研究、寫論文、投稿學術期刊等等，再到之後找工作，其實都是説不準的事。當然，任何行業都一定會有未知、會有競爭，但學術這一行應該是比較多未知和競爭的。他相信：「既然每一種行業都有競爭，也有很多不可控制（應該是大部分的事都不可控制），那至少要選擇自己想做的事，即使要面對什麼也沒有怨言吧。」

亞然自言他比較幸運，特別是家人的支持讓他可以自由選擇，而且有條件做出選擇：「做抉擇的時候，家人的支持（更多時候是一種 tacit consent）是很重要的，使自己減少後顧之憂（當然不是富二代的那一種）的條件。在做抉擇的時候，都減少了很多煩惱。」

支持他的，還有一份單純的信念和同行者默默的認同：「做決定的時候，我是比較有方向、有主見的，這種方向和主見都是自己思考之後的決定。而影響我思考最深的，當然是通過閱讀、親身接觸一些自己欣賞的老師，這些都有助我認定自己要成為一個怎樣的人。另外，身邊也有很多人，包括女朋友，可以給我一點支持或肯定，這也是很重要的。」

選擇了學術方向，在英國獨自生活，獨自進修，以一個香港人身分在以西方權力主導的政治學術界，做華人地區的選舉制度研究，面臨的挑戰是強烈的孤獨感加上對事業前途的迷惘。他如何與這心靈狀態共處？

「到現在一直慢慢走到讀 PhD 的後半部分（差不多畢業），可以說是『一早預咗』、早有預料，所以這些挑戰或掙扎也不能說是意料之外。見步行步好像聽起來沒有說服力，但一直以來都是這樣想、這樣做的。我中六、七的時候就傻呼呼地開始寫作，讓我很早就體驗這種不斷投稿，然後不斷經歷來回成功 / 失敗這個過程的訓練，我想我已有足夠訓練去面對失敗。」

「有足夠訓練去面對失敗」，很有意思的一句話。

第八課：
重點不是起跑線，是學會怎樣去跑

由孩提到初中的幾個關鍵生涯任務

成長任務一

建立自我效能感：發掘多元潛能及專長

生涯習作

你認同以下有關學生學習的説法嗎？為什麼？

想法	對？不對？
升中後，年輕人的學習效能感會下降。	
運動出色的，在學術方面也可以做得好。	
承上項，如果學生運動員成績不理想，是因為他不夠努力。	
按能力分班，讓成績最好的集中在精英班，令高能的一羣進步更快。	
考入名校，就是未來成就的保障。	

生涯個案

阿熙初中時很討厭科學，因這是成績最差的一科。偶然一個機會，他參加學校的暑期科學研習班，從此中學生活不再一樣——從科研隊的小成員開始，搜集資料、學習將生活需要化成設計理念，與隊員「腦震盪」又互補所長，在不同科研比賽累積（失敗的）經驗，到擔任科研隊的隊長……去年，他們發明吸收 LED 燈能量為鞋消臭的特殊化學噴劑，獲得聯校科展大獎。他對科研充滿熱誠，也以此為未來升學的目標。

阿竣是一位滿有天分的中五學生，常參加藝術、運動的校園活動，但令他全情投入的，是工藝創作（Craftsmanship）。從小六開始他對機械設計和操作原理就很感興趣，拆開機械鐘研究各種零件的設計。漸漸地他不滿足於市場上大量工業倒模生產的製成品水平，決意要以一雙手創造具備心思、靈魂的工藝作品——刀具、鋼筆、中型動力機械裝置藝術品……見過他作品的老師、同學，都稀奇背後的創意和毅力。

大家以為他有這些作為，是因為他良好的家庭背景？對，阿竣擁有自己的工作室，從父親的工場旁取得丁方的角落。但不要忽視他的投入和熱心，由清理數以噸計廢物、改建機器，由處理原材料到完成作品，都是一人之力，付出數以千計小時的努力和汗水。

興趣指引方向

「你的興趣是什麼？」這是我們給年輕人生涯輔導時最常提出的問題。我們都以為，對「興趣」很了解，今日的年輕人也應至少有一至兩項自小經父母悉心栽培、「琴棋書畫」類的興趣吧！這個問題不好答，筆者試從以下幾點與讀者一同思考:「興趣」(Interest) 是在個人能自主運用的時間裏，你會選擇參與的活動，享受其中過程，也可涵蓋不同範疇，學術的及非學術的。

興趣的發展與年輕人的自我效能感息息相關。我們認為自己有能力做得好的、又期待有成果的事，會甘心樂意投入更多時間、心思。隨着時間和良好經驗累積起來，又會循環不息地提升我們的興趣和自信。因此，個人的投入和環境提供的機會，是兩個推動年輕人發展興趣的重要元素。

無論是音樂、運動、戲劇、語文寫作、STEM……若年輕人沒有投入經歷，他們可能只是一羣生活苦悶、漫無方向感的高中生。年輕人對各自喜愛的事物所展示的，不單是陶冶性情的興趣，而是使他們全情投入，做到最好的「熱誠」(Passion)。

興趣可成為未來升學、職業選擇的基礎。但是否每個人的學業和職業都必須與興趣、熱誠緊緊結合？抉擇未來，須考慮的因素很多，興趣只是其一。

學習自我觀（Academic Self-concept）

見到放棄學習的年輕人，我們都不忍心，為他們着急。學習動機、自信或效能感，比學習能力對成果的影響更大。失去學習的動力和興趣，學習可能完全終止。要是同行者遇到失去學習信心的同學，不應先假設他們懶，而是細心觀察，了解他們的難處何在，對症下藥。了解一些學習心理學，對與初中學生同行會很有幫助。

學習自我觀可細分不同範疇，如英語學習自我觀、數學學習自我觀、運動學習自我觀。自我觀強的話，有助提升學習成果。不過，個別範疇的自我觀「獨立運作」，即學生對學英文很有信心，不代表他在數學科也一樣具備自信。同理，有學生在運動表現出色，卻可對學術範疇一籌莫展。學生了解不同學科特質和要求，找到適合自己的學習方法，才有機會突破瓶頸。

學習自信也很受環境影響，「大魚小池效應」（Big fish little pond effect）就是其一。處身「尖子」林立的場境，中上能力的學生自然感到壓力，給比下去。我們以為這不是推動他遇強愈強的好時機嗎？但心理學研究發現，普遍的情況下，比較效應令在羣體裏自覺為「下游」的個體失去學習動力和信心。同一羣學生，在另一羣體裏可以是優異生，獲得發展潛能的機會，愈來愈自信出色。

人是比較的動物，要完全不比較排名並不可能。但我們可做好預防工作：

- 不盲目將孩子送進「名校」，搞清楚這是滿足家長個人的期望，還是要給孩子一個適合他性格氣質，又能給予機會進步成長的環境；
- 學校內不刻意分流、比較，不設追求精英制度的學習模式；
- 告訴孩子和年輕人，相信每個人也有豐富的潛質，提供機會給不同興趣、不同性向的學生，因勢利導，肯定他們的長處；
- 持續評估他們學習的難處，尋找針對問題的方法。

生涯個案

阿明自小對「機械人」產生興趣。愛把積木砌成幻想裏的機械人，然後當大導演拍戰爭場面，這些「作品」也是阿明上美術課的好題材。有機會到玩具店，阿明會花上個多小時研究各款機械人的設計。小學階段，阿明不愛看故事散文，但對科普讀物還算有耐性，《空想科學讀本》打破「超人世界」神話，阿明很崇拜作者柳田理科雄，還立志要當作家，融合寫作創意與科普知識。

升上中學，阿明參加學校機械人隊，還與隊友得過全港比賽的大獎。阿明發現大學裏有工程學院，那可能是一展所長的地方……中三選科，阿明的學校建議同學修讀兩個選修科，數學成績達標的可修數學延伸單元。媽媽希望阿明選 BAFS（商業管理），但阿明學校的時間表限制 BAFS 只能與物理對選，而另一個選修科則可能是經濟、化學或地理其中一科。阿明最後選擇了物理、經濟和數學延伸單元。要應付七個學科，還要擔起在機械人隊裏培訓初中成員的責任，如何分配時間是一大考驗。阿明以中上的文憑試成績，加上在機械人活動的好表現，成功入讀工程學院，之後繼續參與各類機械人比賽。畢業後的第一份工，是加入科技教育機構成為 STEM 教育培訓人員。

讀者認為阿明是男生還是女生？

阿明真有其人，我於不同的學校培訓講座都説過這故事，八成的老師會説阿明是男生，「精靈」的學生們知道老師的問題必有玄機，超過一半會説「男女也可以」。真相？阿明是一位女生，十分享受她現在的工作！

STEM 專才與通才

阿明成長過程的不同經驗，無論是學業、生活興趣、服務和活動，由家庭到學校，由個人的到在羣體參與的，都有可能成為她發展個人特質和資源的足迹。

STEM 教育的發展於這一兩年間成為教育界的熱話，從小學至大學都推動 STEM，有以課外活動形式進行的，如機械人賽事，也有將 STEM 加入常規課程元素的。推動 STEM 教育的動力來自科技界和商界，互聯網和科技發展已成為全球商業和經濟發展的火車頭，在可預見的未來，新一代愈掌握高增值的科學、科技知識和技能，便愈能在創新產業佔一席位。

工作世界變幻莫測，五年前，我們根本預計不到今年的全球化新形勢。有好幾年，高等教育學府裏與 STEM 相關的課程收生成績平均都較商科、社會科學科要低，不少學生視之為「水泡」，無可選擇下的雞肋。今天，我們大聲疾呼，未來職場極需 STEM 人材，全社會總動員支援創新及高科技產業。不過，要得到年輕人和家長認同，吸引適合的學生投身STEM課程，為行業積聚人才，除大力從中小學課程和活動入手，不能忽略關鍵的一環——相關行業及專業的人力資源於未來三年、五年、十年的推算如何？這些職位定點在香港市場還是國內？不同選修學科與各專業的連繫如何？簡而言之，推動 STEM 教育時不能忽略職業前景；可惜，到目前為止，香港仍未有全面而相對可靠的數據庫讓公眾掌握各行各業的現況與前景，這方面在歐美都是勞工部門的重點工作之一，我們真的要加快步伐。

至於課程方面，香港科學院因應百多所中學課程及課時編排的數據，指出現行中學課程未能回應科學科技及高增值型經濟發展的需要。高中學生在延伸數學與科學科，無論選修人數及學習課時等多方面都不足，他們建議改革高中學制核心科目、選修科目課時和修讀形式、取消 33222 學位課程統一入學標準而改為大學自決收生標準等。作為教育工作者，我們如何回應？

新高中學制 2012 年開始有第一屆高中畢業生，要達升讀本地學位課程的門檻，中、英、數、通識及一科選修科的成績分別須達 33222 水平。2016 年 57000 多考生中，有四成多考生達標，如以副學位所要求的五科達二級水平計，有約七成考生達標，兩個數字與本地學位和副學位課程的供應相若。33222 是大學學位課程的入場券，各院校不同的課程會在基本條件上設課程入學要求，包括計算入學分數的文憑試學科數目、組合，還有給各學科不同的計分比重。課程要求的差異，一定程度反映該專業對學生的能力要求，也有是擇優取錄的策略。

幾年前開始，香港大學和理工大學已在收生資料中清楚說明哪些課程在達 33222 以後，以「四個核心科目加兩選修」或「最佳五科」成績計數入學分數，2017 年開始香港中文大學也有類似安排。前者要求學生於語文、數學和選修各範疇都有相對理想的表現，後者讓那些於個別範疇（特別是以數理專長，但語文科較平庸的學生）的學生佔優；前者擇「通才」，後者選「專才」，從大學收生的多元策略可見，通才與專才都有不同的相對優勢。

未來社會和經濟系統的人力資源，專才和通才須並存互補，相信沒太多爭議。近兩年進行有關人力資源的研究，都指出軟技能（Soft skills）的重要性，包括語言和人際溝通、解難能力、組織能力、科技素養等。現時的高中課程及升學基準，其設計理念為讓學生多發展軟技能，提供較舊制度完整的框架。

學制和課程確有檢討和持續完善的必要，以提供學生更多拓闊對科學、科技和數學視野的機會，有潛質者能有足夠的深化學習。在此提出幾個討論和思考的方向：

1. 四個核心科目是通才訓練的基礎，但所佔的課時、課程的廣度和深度，是否需要調節，以釋放學習和教學的空間讓學生於專科選修投入更多？
2. 現時初中至高中的科學、科技和數學課程，多大程度回應相關範疇的急促發展，又如何與已有及新興的職業選擇聯繫？
3. STEM 不單要求學生掌握知性的學理，動手製作、設計及機械操作都少不得，這也是近年各國大力推動的職業專才教育的基礎元素。可惜，香港的中、小學教育近 20 年漸向文法課程走，動手和操作（Making）的內容被矮化、被邊緣化，是時候認真面對這方面的缺欠，否則，STEM 教育永只是個美夢。

男女有別？

我校在某學年有幸參與婦女基金會的 Girls-Go-Tech 計劃，由該計劃的專業團隊教授中一、二約 40 位女學生基礎編程、動手做小型機械裝置、LED 服飾設計，學生也須穿上成品展示及匯報學習心得；第二階段除學習科學科技知識和應用，也加入與 STEM 相關的職場參觀活動。作為「一條龍」式的學習歷程，結合理論、實作、科學與藝術創意的 STEAM（Science-Technology-Engineering-Arts-Mathematics）課程，十分完整，也為學校正規課程提供有質素的延伸。

有一次，與其中四位女同學到婦女基金會周年午餐會議分享。對幾個小女孩來説，身處她們可能從未踏足的顯赫場景，在幾百位專業人士面前用五分鐘以英語簡報學習成果、演繹親自設計的 LED 服飾，是難以想像的挑戰。因此，一兩星期前學生們投入寫稿、練習，一遍又一遍的為做到最好而準備。我們接受邀請不是要「出風頭」，而是把握這難得的機會給女孩子一個舞台，讓她們有發光發亮的機會。如她們分享個人體會提到，她們不再以為 STEM 是男生的專利，女生也可以做得到！

那一天，台下聽眾的掌聲、個別與會人士的當面讚賞和鼓勵，都是女孩子往後繼續努力、相信自己的推動力。

由學習活動的參與機會，到高中選科、出路抉擇，性別刻板印象的影響無處不在。在傳統和社會文化對女生的既有想像中，女性在數理、工程相關的學習和職業領域都處弱勢，女生一定程度上「被教育」以至內化了可能極為偏頗的觀念，化成「自證預言」（Self-fulfilling prophecy），學習 STEM 的動力和動機都少了，學習成就的預期也比男生為低。STEM 成績和表現突出的女生要選數理工程，不少也經歷自我懷疑，甚至得面對師長和朋輩的壓力！結果是，不少女生的職業選擇和發展在自覺和不自覺中被限制了。未來高增值經濟發展關鍵的創新科學科技產業，人力資源的質和量都重要，動員不了佔一半人口的女性，投身相關行業和貢獻，將是整體社會和經濟的損失。

女生在 STEM 相關的學術和職業都一樣好？

考評局發表的 2016 年文憑試報告，比較男生和女生的整體和分科表現。日校考生中，女生較男生在考獲五科取得 2 級以上並包括中英文（女：男 = 78%：65%）、33222 以上（女：男 = 48%：32%）、最佳五科取得 22 分以上（依過往數據，取得此分數者入讀受政府資助的學位課程機會較高，女：男 = 19%：14%）、有一科最高等級成績或以上（女：男 = 7.5%：5.4%），都有顯著的優勢，即女生的升學機會，無論以學位和副學位而言都較高。

如深入分析男女生於 STEM 相關學科的表現，形勢會否不一樣？除生物科外，女生在應考延伸數學、資訊及通訊科技、物理和化學考生的比例，都明顯較男生低。但再仔細分析成績分佈，以取得 4 級或以上成績計，女生和男生在化學、物理、資訊及通訊科技和延伸數學的差異都在兩個百分點之內，沒有明顯分別；若計算 5 級以上，男生在數學、微積分與統計、化學和物理約有 5% 的優勢，最明顯的分別在代數與微積分，男生較女生高約 13%。結論是：社會一般想像男生在 STEM 的表現優勢，其實很大程度都是想當然。因此，我們要檢視的是，女生和男生在普及教育階段是否都獲得充分接觸 STEM 的機會，為未來作準備？

男女生都需要機會

上文提及的「Girls Go Tech」計劃，由婦女基金會於 2016 至 2017 學年開始於本地中學推行，對象是初中女生，結合編程初階、電子機械手作及生活應用、職場參觀及體驗，提升女生的 STEM 學習體驗。該會同步委託大專學者就本港女生選擇 STEM 學科的影響因素研究。報告分析了來自 13 間中學的老師和 1000 名女學生的數據，指出女生選修 STEM 科目和升學選擇的現況，源自幾個關鍵因素：第一，女生在 STEM 相關的個人能力、選擇意欲和成功機會受局限；而以上的想法直接受老師、家庭和朋輩的影響。第二，家長對 STEM 相關的職業機會和未來發展是否不了解？最後，STEM 課內外的學習經驗也很重要，往往能夠有效提升女學生對有關學科的自我效能感及科目價值觀感，從而提高她們選讀的意欲。

有一次，我出席全港小學數學比賽頒獎典禮，見證超過 300 多位得獎者，興高采烈地接受榮譽。比賽主辦團體主席在閉幕前致謝辭，邀請在場的男生舉手示意——約 300 多位；又請女生舉手示意——約 10 位！他要説的是，我們要多給小學女生參與大型數學比賽的機會，因為我們都不相信，男生和女生在數學能力真的存在這麼大的差異。那一天是 3 月 8 日，在婦女節給教育界同工這提醒，是最合時不過了。

如果男生和女生自小（幼兒教育和小學階段尤其重要）開始，在學習數學、科學、科技，以至文學、語言、社會科學，都有公平、均等和多元的機會，不因性別而強加標籤或限制，他們就能順應天賦發揮所長，選擇自己要走的路；我們也不須大費周章，為男生或女生創造「專屬性別」的學習計劃或空間。不過，在這理想尚未實踐之時，我還是要大力支持為女生刻意經營以抗衡性別偏見的正向教育活動呢！

參加課外活動愈多愈好？

中產的最大心結，是了解到現實的危機，下一代身處的社會提供的上流機會明顯比我們這一代少，子女要在激烈的競爭中突圍而出，保持相若的階級水平，家庭就得投入更多資源、更早開始栽培下一代，希望他們贏在起跑線。這羣家長也明白，隨着大學學歷普及化，一個學位已不能保證子女的路暢通無阻。所以，為子女累積文化資本變得愈來愈重要，給他們安排各式各樣的興趣班、資優班、預備班，多元的證書，如集郵地編成厚厚的個人檔案（Portfolio），由升小學面試時開始大派用場。這些「文化資本」和「證書」的價值很多時（不敢說是「一定」）不在其參與和經驗為孩子帶來正面的轉變，而在其「實用性」、「功能性」，使孩子在計分遊戲中多得一點分數。

當以上的想法漸漸成為遊戲規則，就不只是中產家庭的專利，稍有能力的家長都竭盡所能，為子女爭取多一點。近年，我真的很少聽聞有小學生是沒有學過樂器、沒上過補習班的。

「多才多藝」的年輕人會在升學和職業發展得到多些機會嗎？可能會，也可能不會。

年輕人都有潛能，給予適當的栽培，讓他們的潛能充分發揮，這就是個人在特定範疇的優勢。年輕人在某範疇的優勢，無論學術也好，領導才能也好、藝術才華也好，不需「分量十足」的個人檔案，別人也能了解和感受得到，在相關的學術和職業領域，這些年輕人會很受歡迎。

由「潛能」到「優勢」的轉化過程，需要熱情、經年累月的努力和專注，否則只能停留在「興趣班」的水平。單從實用功利的角度看，感動不了大學收生人員和僱主。

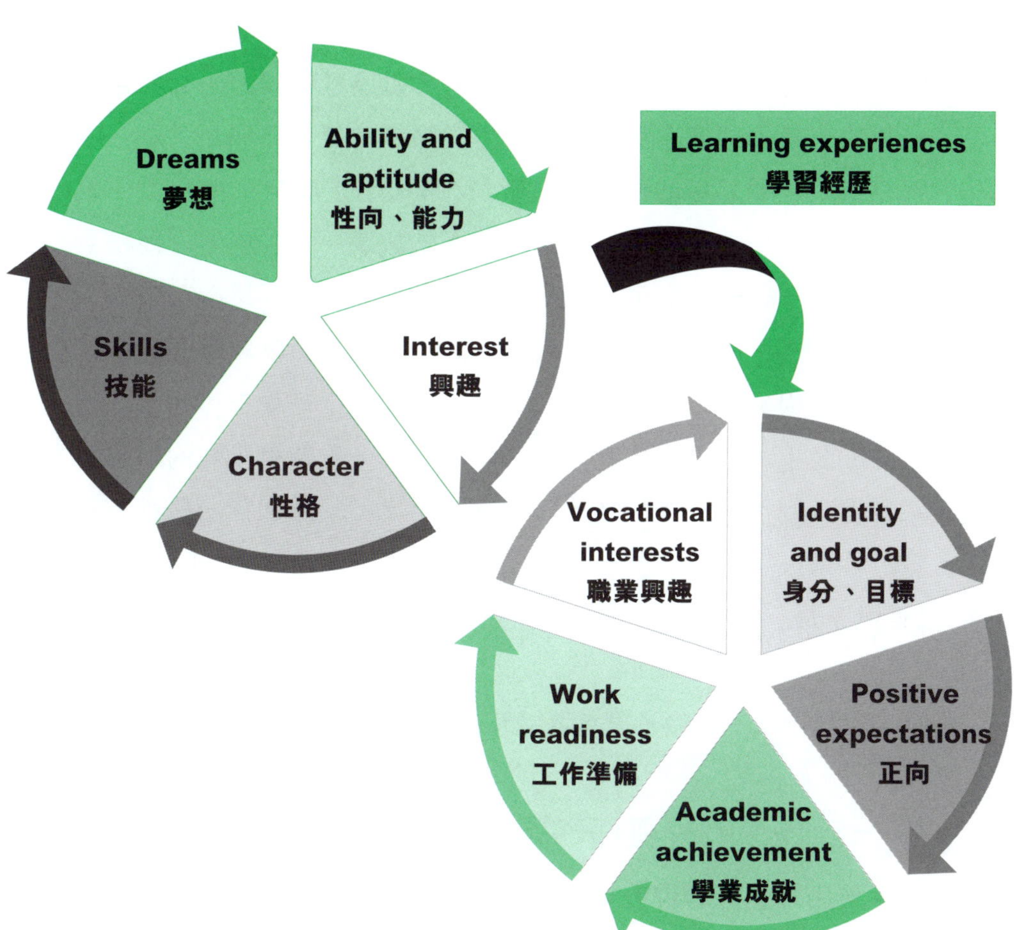

資料來源：Based on Gysbers & Lapan,（2009）. Strengths-based Career Guidance.

成長任務二
適應學習環境，投入羣體生活

「港孩」、「怪獸家長」成為「潮語」，是對過分依賴的子女和過分參與的家長的精準諷刺。教育和職業系統的競爭激烈，大眾一般都相信「不要輸在起跑線」，這給家長孩子造成無形的壓力。教育模式由幼稚園已開始轉變，強調活動教學、自主學習、親子活動，家長一早已習慣了「高度參與」孩子的學習。核心家庭的子女人數少，可投放大量家庭資源培育一個孩子；參與照顧的除了父母還有祖父母以至外籍家傭，孩子可謂萬千寵愛在一身，自理能力不及上一代，也情有可原。與此同時，家長對子女的期望也相應提升到不容有失的地步……這個年代，父母和孩子們都有負擔，容易失了分寸，搞不好給人貼上「港孩」、「公主 / 王子病」、「怪獸家長」等標籤。

問題給找出來了，除了繼續嘻笑怒罵，還有更具建設性的做法嗎？

中一新鮮人的成長任務是什麼？

學生要由被動的學習者轉化為自主的學習者，即循序漸進發現學習的目的，掌握學習的方法，為學習的成果負責。「學習」不局限於學科課業，還概括不同的學習經歷和羣體角色，年輕人在不同的學習經驗中確認個人特長，學習「取捨」。面對更多任務，須不時檢視自己選擇的優次，學習做決定 —— 在適當的時候說「不」，把有限的時間由參與課外活動集中到另一項目或溫習時間，這是困難又必須的抉擇。

確定家長、學校、學生各自的角色和責任

我不贊成家長在初中階段的子女學習上過度參與，建議在踏入中學生活前協議課業的跟進和溫習流程，子女如已有心理準備自己備課、溫習、整理筆記等就最理想；要是在小學階段很依靠父母幫忙的，或是怕適應學習語言有困難的，在起步時父母也可幫忙檢查功課。原則是子女要明白他們已不是小學生，要努力自豪地迎接中學愈來愈自主的生活。

剛升中的同學，大家愛稱之為「Form One 仔」—— 潛意識裏把他們視為幼嫩的受保護動物。但想深一層，升中前他們在小學裏是「大阿哥、大家姐」，不少還是領袖生呢！

這點教育同工和家長都要反思、警惕，不要當他們是 BB，要有意識地幫助他們發展生活技能，包括學習和生活上的自理。從教學經驗所得，在初中掌握到以下技能的孩子，成績和做人都不用擔心。家教會可與學校溝通，如何在初中引入這些生活技能訓練：

- 自己調校鬧鐘起牀；
- 自行梳洗、穿校服、上學；
- 佩戴手錶，學習掌握時間及守時；

- 按時間表每天收拾書包；
- 自行抄寫每日功課及完成期限；
- 整理、分類學習材料，無論是學校的儲物櫃或家裏的書桌，都不應是「垃圾崗」。

這不是理所當然嗎？不！初中生掉了原子筆在地上，竟敢叫老師幫她拾起來；18 歲的大男生，每天還是由外傭姐姐給他梳頭、穿襪。不少青少年的陋習，都怪家長過分照顧。

家長完全放手，對學校生活和各方面的適應不聞不問，也不理想，讓子女學習自主不等於「放任」。家長每天盡可能安排一段時間與孩子相處和對談，子女分享中一生活的點滴和難處可成為輕鬆的交談內容，着重分享交流，不隨便對人對事下判語（「你的同學小明這麼多嘴，不要跟這個人一夥！」、「這老師怎樣教書的，我要向校長投訴！」、「讀得不開心，下學期給你轉校……」），鼓勵子女勇敢面對挑戰（「英文真的很難，我當年也曾跟不上，但可向老師請教有什麼好方法啊！」、「學校讓你們外出午膳，可嘗試幾個同學每星期一次不在校吃飯盒而去外面的餐館試試啊。」「今天令你最快樂的三件事是什麼？」），培養溝通的習慣，往後對話的機會便會更多。

總而言之，家長不能「代替」子女完成他們份內的任務，家長與學校是培育年輕人的夥伴，兩者最終的目標都是讓年輕人準備好踏進中學生涯以後的世界，開始他們自主的人生。

筆者以為下圖HIS模式（Health-Interest & Leisure-Study；健康 —— 學業 —— 個人興趣及餘暇）的三個範疇都值得關注。生涯規劃不單討論升學、事業發展，也關心人的不同角色和均衡發展。家長可用以下框架檢視子女在每個範疇的現況如何？家長如何給予支援？學校對學生於學科學習和個人興趣方面（如透過課外活動、其他學習經歷等），可為你的子女提供哪些機會？有需要與老師討論或協商子女的情況嗎？子女正踏入初中，家長對子女於各範疇的發展有何期望？子女又有何想法？

HIS 模式

對中一新鮮人同樣重要的，是成為羣體的一份子，簡單而言就是「有朋友」。常與家長打趣説中一新生最擔心的是「到哪裏吃午飯？」和「誰會與我吃午飯？」解決這兩個基本需要，中一同學都會喜愛上學。尋找投契的同伴，是情感上的依靠。在不同的羣體中，年輕人學習信任、體諒、領導和服從，琢磨性格的稜角，建立人際網絡。對獨生子女而言，這任務不容易，但也更重要。

成長任務三

為高中過渡作好準備：了解個人高中升學志向，為選科作知情選擇

初中是青少年成長非常重要的階段。在確立自我的青春期裏，不少青少年的反叛行為都令家長老師頭痛，但同時這是逐漸建立自尊感、成就感、與朋輩聯繫的關鍵時期。如少年人在這段成長過程中確認能發揮個人潛能（包括學術的、非學術的）的方向和機會，並能從朋輩網絡得到正面和積極的影響，是為高中作最好的準備。

鼓勵初中階段的年輕人面對以下挑戰：

1. 學習取捨，選擇參與一至兩項課外活動（其他學習經歷），爭取機會參加一些與個人感興趣學科相關的活動或比賽。無論是校內或校外的學習經驗，年輕人都能夠從中取得種種經驗（無論在學業或事業方面）以至成功感，探索適合自己的發展方向，亦能成為推動學生向着目標邁進的原動力。

2. 在學術方面，子女要開始思考高中的學科選擇了。新高中課程的科目選擇具彈性，初中同學要了解不同學科及學校提供的選擇組合，才決定選科取向。放下先入為主的成見，特別是中三那年，很多學校都會重整課程，開設多些與高中課程銜接的學科，讓學生認清學習興趣和能力。不過，學科數量多了，功課

的要求也會隨之提高，家長可多留意子女應付學業的情況，鼓勵子女在學業和活動間訂定優次，平衡時間分配。

選擇困難？

教育局的大型調查指出，文憑試的過來人認為，在公開試取得理想成績的最重要因素是「個人努力」、「對學科的興趣」、「教師的教學方法」，而家長和朋輩的支持也很重要。學習不是操作技能就足夠，選讀喜歡的學科，也較能投入學習。

【相關資料可參考：課程發展議會、香港考試及評核局、教育局《新學制中期檢討及前瞻報告：持續優化、不斷進步》，2015，頁 50，圖表 23；http://334.edb.hkedcity.net/doc/chi/MTR_Report_c.pdf】

選科對未來升學機會有直接影響，下圖說明其中的考慮因素。

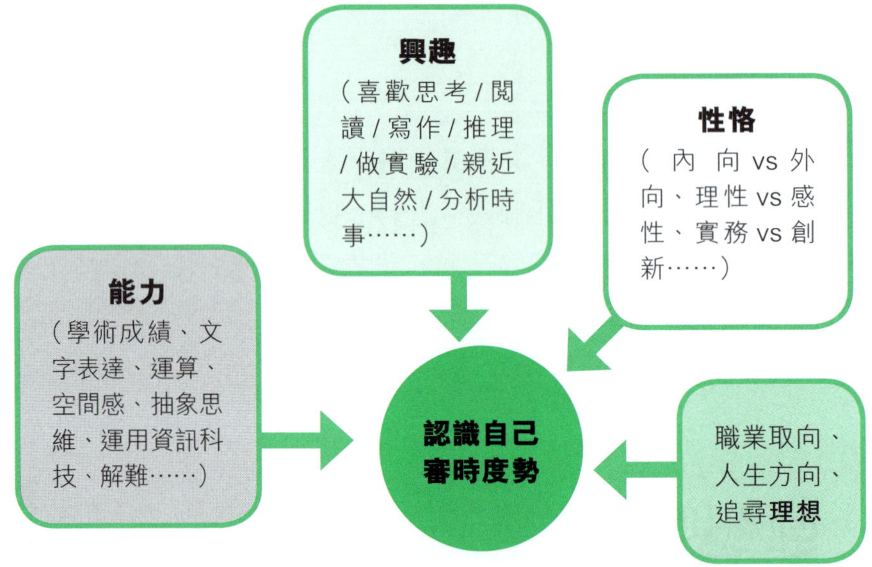

為選科做準備，我們鼓勵年輕人：

- 打好中、英、數三科主科的基礎，這是最基本、最重要的入大學 / 大專門檻！
- 不宜先入為主，各科宜均衡發展，客觀了解自己的能力、性向、興趣和職志；
- 多探索自己的升學及就業志向；
- 向師兄師姐 / 到圖書館借閱高中課本作參考；
- 抵擋誘惑，努力讀書，讓成績反映自己的真正實力。

職業興趣評估與選科

選科的抉擇很有可能影響青少年未來事業的選擇和方向。這是一個重要的決定。例如必須有選修理科才能當醫生，而大部分的作家也曾修讀文學……

在本書的第二課我們探討過荷倫的「職業性向類型」。職業興趣評估能夠提供一些有用的線索，讓年輕人的個人質素能配合學業或將來事業的選擇。我們明白選讀不同的學科和從事不同的事業，都需要獨一無二的知識、技能甚至價值觀。然而，當人在適合自己的環境中學習或工作時，便能更有效地發揮潛能。

例如：

有創意的 → 作家、藝術家、設計師

精打細算的 → 理財策劃師、會計師

有愛心的 → 老師、社工、護士

以下兩個評估活動，可作初步的職業興趣評估及跟進討論。

請緊記：沒有錯誤的選擇，但同行者務必讓年輕人明白，他必須對自己所作的選擇負責任，決定了，就要以努力和恆心做到最好！可請學生依指示完成以下的評估：

生涯習作

人生派對

歡迎來到「人生派對」！這是學校一年一度的盛事，禮堂裏正在開派對，不同性格喜好的同學組合在一起交談、玩樂。身處其中，你會被吸引到哪一角？第一、第二和第三選擇分別是什麼？

人生派對

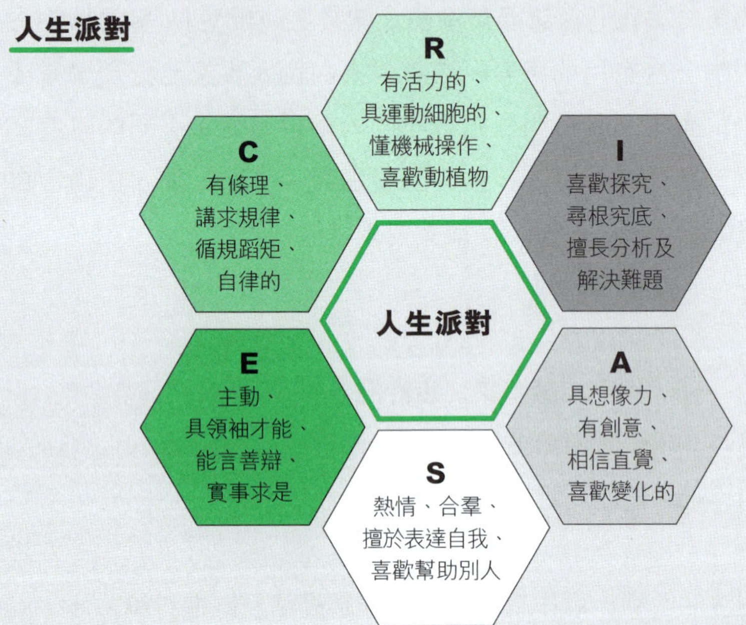

第一選擇：

第二選擇：

第三選擇：

反思職業與趣評估結果

評估不是要給你貼標籤，你的「代碼」有機會隨日後累積更多的經驗而改變，但現在的結果，應一定程度在反映你的現況。嘗試依以下的問題思考，認識自己更多：

1. 你的代碼（人生派對的結果）是什麼？
2. 代碼包含三個類型。你認為哪些經歷與三個代碼分別有關係？在什麼情況和程度而言你覺得這職業性向結果能代表你？
3. 基於這次評估的結果，對你面臨的升學或就業選擇有何啟發？

與不同性向類型相關的高中選修科和大專課程，可參考本書第三課。

注意！學生和同行者在應用職業興趣評估結果於升學或職業選擇時，應留意以下兩點：

- 多參考兩至三個類別的分類，而非簡單地與性格類型代碼直接配對；
- 同學還須考慮自己的事業目標、能力、環境限制（例如學科組合、未來升學前景、家庭經濟能力，會否支持海外升學等）。

聯招課程與高中科目關係

學友社高中選科資料（2019）：
http://student.hk/site/?q=article/3222

香港輔導教師協會聯招號外及大學大專收生要求資料：
https://www.hkacmgm.org/tag/jupas/

（資料來源：香港輔導教師協會《尋找生命的色彩：新高中科目選擇及個人抱負的探索》*Finding Your Colours of Life: NSS Subject Choices and the Development of Career Aspirations*。《尋找生命的色彩》是為初中學生編寫的綜合生涯輔導的學習工具。透過綜合豐富資料，初中生了解其中發展路向及學習領域、反思其他學習經歷，從中體驗自我發現過程。漸進而持續的自我發現及認同，能有效幫助初中學生確認高中學習目標，提升個人學習及社交能力。此課程只予已受訓的升學輔導人員於初中使用，家長可向學校查詢或索取樣本。）

高中學制簡介

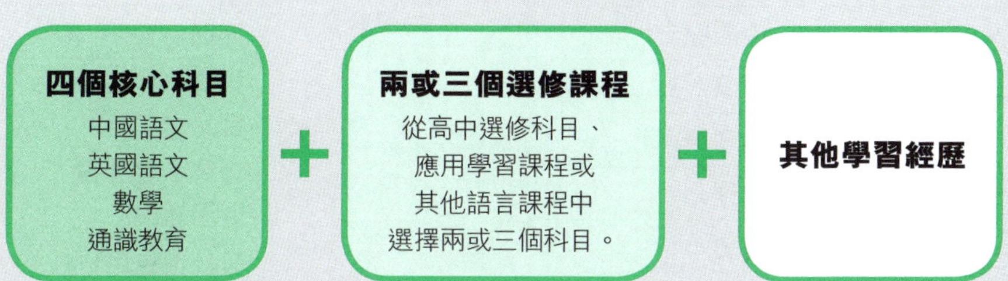

* 學校會因應實際情況及學生需要，決定提供哪些選修科目。

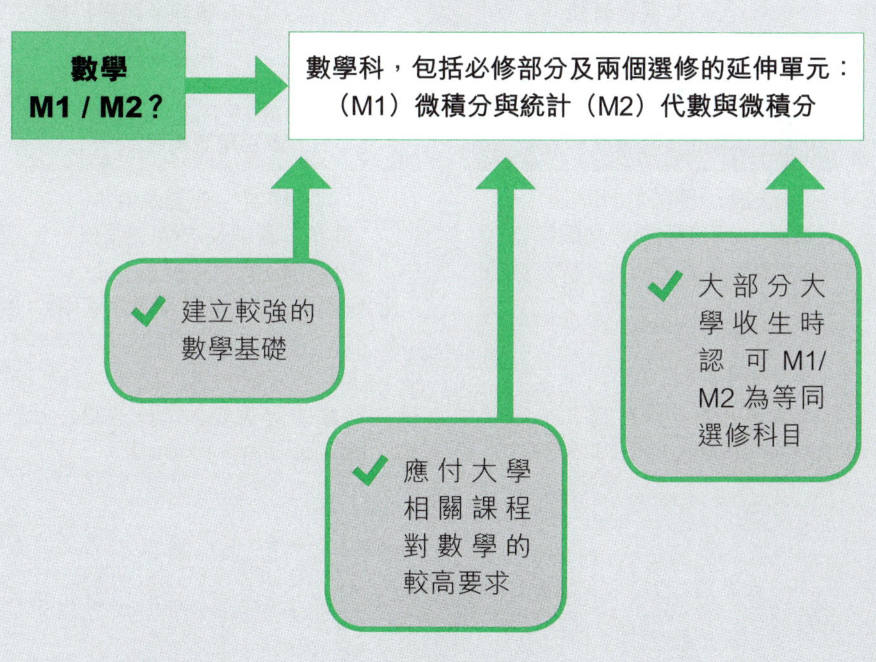

兩或三個選修科目			
學習領域	高中科目（選修）	學習領域	高中科目（選修）
中國語文教育	中國文學	科學教育	生物
英國語文教育	英語文學		化學
個人、社會及人文教育	中國歷史		物理
	經濟		科學（綜合、組合）
	倫理與宗教	科技教育	企業、會計與財務概論
	地理		設計與應用科技
	歷史		健康管理與社會關懷
	旅遊與款待		資訊及通訊科技
藝術教育	音樂		科技與生活
	視覺藝術		
體育	體育		

其他語言課程
法語　德語　印地語
日語　西班牙語　烏爾都語

應用學習課程
創意學習　媒體及傳意
商業、管理及法律　服務
應用科學　工程及生產
應用學習中文（非華語學生適用）

【資料來源：香港教育局《2018 年中六學生出路統計調查》https://334.edb.hkedcity.net/new/doc/chi/20190305/parents_seminar_session1.pdf】

小結：裝備孩子面對未來

當筆者服務的學校為未來三年訂定學校發展計劃時，同事討論時都很認真，真心希望學校所做的能造就年輕人。我們訂下「堅持信念、敢於成功、不怕失敗、推己及人」為目標，希望在學術和學生成長支援層面、各組織的活動，都緊扣這四個方向。個人認為這目標與生涯規劃的理念一致，也很具體説明教育孩子面向未來的關鍵原則：

1. 堅守信念

幫助年輕人建立正面的價值觀，包括誠信、尊重、關愛，能分辨是非、追求公義和平。沒有清晰明確的信念，他們如何在社會和職場的各種引誘和挑戰中撐得起？

2. 敢於成功

我們很容易有錯覺，以為這一代的年輕人都自滿、愛炫耀個人能力和成就。但細心觀察，教育同工都認同，更多更多的年輕人對個人能力缺乏信心，也對前途感到迷惘。就是自己能做得好的，也不要成為朋輩和大眾間的焦點。這不是説他們不想成功，但沒有信心，有時甚至逃避參與、不敢全力以赴。我們可以盡力幫助他們看自己「合乎中道」、「不亢不卑」，找到個人獨特的強項／優勢，投入熱誠努力發揮所長！有一派心理學説認為，成功的經驗強化年輕人對相關事物的能力感，繼而提升興趣使他們更有動力投入該事物，如此循環不斷，便會得到卓越的成果。

3. 不怕失敗

不要誤會「敢於成功」等於「高舉成功」，成功和失敗是雙生兄弟，兩者對年輕人的成長都是挑戰。在失敗中了解自己的限制和弱點，在逆境中仍不失盼望，跌倒了再站起來，努力面前，説來容易，但對疼愛子女的家長而言，能忍心讓子女經歷失敗談何容易？這功課對不少家長而言是極大的挑戰！

4. 推己及人

處理好「個人」，突破對自我的過度關注，回應身邊羣體（家庭、學校、社區）的需要。起步時不必是什麼大使命，可以是認真投入、不為時數紀錄的純粹義務工作，又或盡忠職守的擔任班會總務、圖書館管理員等崗位。生涯規劃的過程中，我們不是在探索不同人生崗位的職份嗎？

生涯故事

盡我所能

——譚家奇

香港大學生物醫學學系畢業

有特殊教育需要的學生，生涯路比一般人難行。限制不單來自學習上的難處，更多是社會和學校裏逃避不了的標籤（Stigma）。如何讓這羣學生能突破重重難關，達至他們能力應能及的水平、成就生涯目標？

家奇出世至今患皮膚濕疹，需定期覆診服藥物控制病情；兩歲半入讀特殊教育兼收學位 N 組，三至七歲讀 K1、K2、K3，讀了兩年 K3；小學入讀融合教育學位六年，中學以 Band 1 學生水平，以融合生身分入讀主流學校課程。高中三年間，我認識了家奇，他是我生物科的學生，也是科長。

崎嶇路恩典路

家奇兩歲半確診亞氏保加症、專注力不足及過度活躍症、學習障礙等。在語言溝通、社交發展、行為興趣等都有不同程度的障礙。據他的媽媽黃滔女士説，他與人相處缺乏眼神接觸、難與朋輩分享、表達方式刻板重複、固執堅持、抗拒新事物等，常常活在自己的世界裏卻樂在其中。幼兒時很多簡單的指示如：安靜坐好、定睛望人、運用語言和人溝通等學習過程都很難做到。

家人無條件的愛和支持，對特教孩子們是無可代替的，但只有「愛」而缺乏合宜的教育方法、沒有與醫護和學校的互信協作，很難跨越一個又一個障礙。

家奇的父母讀書不多，父親是建築工人，母親是全職主婦，家庭經濟條件薄弱。但譚媽媽很早就明白，及早治療和讓家奇接受訓練是必須的。她下了決心，付出所有精神時間，陪伴孩子打這漫長的仗。譚媽媽為幫助他有社交互動、表達情緒、運用語言溝通等，在他幼年時就開始積極參加不同的親子義工服務。賣旗、院舍探訪、陪病患者覆診、幫助長者清潔家居、探訪露宿者派飯盒、帶新移民參觀社區、教導讀寫障礙的學生學習英語等等。「感恩」是我從譚媽媽口中常常聽到的：「感恩！有神的帶領同行，通過助人自助，家奇為自己努力加油的同時，也發放正能量，使他懂得用關愛的心幫助社會有需要的弱勢社羣，傳揚點點關懷祝福。」

家奇從小便需定期接受多種訓練治療和藥物醫治，物理、職業、語言治療等，持續漫長的服藥和訓練治療直至現在，也帶來了很多不為人知的副作用。但六年小學生涯裏未曾因為要覆診訓練治療，而遲到早退請過一分鐘的假。他執筆寫字有困難，思考閱讀理解能力更加困難。做功課時要背默書不難，但做到思考分析理解就十分困難，花上幾小時也無法完成一份功課。高中中文和通識科就使他叫苦連天，也一度因為完成不了中文科校本評核的閱讀報告而差點情緒崩潰。學校特殊教育主任知道後，與學科同事協商如何幫助家奇，看看考評調適未能顧及的部分，家奇可用什麼學習策略去輔助學習，包括訓練、找舊生幫忙補習。三年的高中課程，在起起伏伏中渡過了。他有幾位要好的同班同學，在學習上生活上也很支持他。家奇的學術能力高，以堅毅和努力，文憑試取得非常理想的成績。

總會找到你的路

中五時生物科要到長洲考察，在回程時我問我家奇對升學有什麼想法，很理性的他已明白要考慮的因素很多，例如前景、能否支撐家庭的經濟，但最重要的還是興趣。那理想的職業呢？他表示也有一點不太知想做什麼的感覺，只知想做和醫學有關又可幫人的事。我知道以他的學術成績也有機會入讀醫學院，但多數醫生專科對人際溝通能力的要求也高，心裏暗暗擔心他是否合適。不過，「堅持」就是他的特質之一，往後，遇到醫療專業的大學課程活動，我都邀請家奇和譚媽媽參加，讓他自然地探索和了解課程要求，拉闊選擇的可能性。

中六時，在小組生涯輔導中，他發現科學研究可能比前線醫護工作更適合他。他好奇心重，又常思考，生物醫學是可行的方案，「必須入讀醫科」的壓力反而放輕了。

最後，他成功入讀香港大學醫學院的醫學工程學系，這是他的首選。特殊教育需要的挑戰不會消失，我們也明白他未來的路不易走。記得他大學一年級開學不久，他告訴我，在大學「搵路」到不同大樓不同課室上課，對他而言已是很大的挑戰，幸好大學提供支援服務，校園警衛叔叔也很樂意幫忙……

家奇的「特殊」，不是所有身邊人也能理解、願意幫忙或包容的，他能選擇的，就是心無旁騖的學習，自行找機會做研究助理，累積學術研究經驗，哪怕用上比別人數以倍計的時間。

四年大學，他都取得獎學金！執筆之時，家奇剛完成了畢業論文，如無意外，他可以優異成績畢業，並直接入讀生物醫學博士課程，向他的科研理想走近一步。

如譚媽媽常常說，為所經歷的高低起跌感恩！我們都不知道家奇未來如何，但對這位已全力以赴的年輕人，送上祝福。

〈好人好事：自閉生不自棄 盼讀醫因醫生「好好人」〉《文匯報》20-1-2015：
http://paper.wenweipo.com/2015/01/20/ED1501200008.htm

香港電台《教學有心人》訪問：
http://podcast.rthk.hk/podcast/item_epi.php?pid=356&lang=zh-CN&id=62915

第九課：

在展翅上騰之前——紛亂的高中

高中的關鍵成長任務

1 建立學業、個人及羣體、生涯發展的生活技能。

2 認識自己，探索未來多元的可能性。

3 抉擇前路，認清能達至個人目標的多種路徑。

成長任務一

建立學業、個人及羣體、生涯發展的生活技能

生涯個案

「宅男」志輝

初中的成績一直處於中下游位置，中三選科時也是隨便選，升高中後對學習不抱什麼期望，只求不要留班，早日完成高中。他成績低落，除了中文所有科目都不及格，家人經常抱怨，在朋輩間也沒有自信可言。沉迷網上小説，開始在網上平台發表作品。

顧此失彼的珊珊

活潑開朗，是朋輩間的「大家姐」，被選為班會主席。擔任社職員宣傳幹事，與其他社職員合作無間，期待下學年接任社長，可以打破藍社三連霸，以取得全年總冠軍為目標。學業方面，恃着一點小聰明，在中下流位置徘徊但又不至留級。上課時間大多都在打盹，因為她還得每天放學後參加香港籃球隊青年軍練習，也有參與地區隊。升中五的她，考慮在選修科生物、經濟中退選其中一科。

失望的競文

競文小學時名列前茅，升讀地區名校，初中成績不俗，高中讀三個選修科：生物、化學、經濟，還加上 M1（註：延伸數學單元），目標升讀藥劑學。初中三年成績也不差，雖然數學不算是強項，還是順利入讀這一班。他的目標是全班前 5 名，上學期卻只排 20 左右，為提升成績，一星期四天放學後飛奔到補習社，對學校老師的叮嚀和功課開始不在意。他已很努力溫習，在學校的測驗成績卻一直未有突破。

「藝術家」靜雯

自小就喜歡畫畫，對藝術、美的事物特別敏感，媽媽從前常帶她參觀藝術展覽，她總看得津津有味。高中已有三個選修，但仍想報讀應用學習課程中的「形象設計」，期望獲得專業的指導，試試能否在藝術和設計方面做出成績，因此要退修一科。父母很擔心，認為即使靜雯希望在大學讀藝術或設計，但也不想她關上其他出路的門。她了解過應用學習的要求，每個星期要花三個小時上課，還有不少設計功課、期終表演等。經與學校的升學輔導老師了解大學收生要求後，她決定選應用學習課程，並訂下下半年的溫習計劃，讓父母看到她可以分配好時間。

高中新鮮人面對的挑戰

志輝具寫作才華、對音樂有濃厚的興趣，兩者結合起來，為他帶來滿足感，也反映他的能力不弱；但在學業方面，不了解自己的方向，也沒有目標，更不用説如何探索未來的可能性和在學業爭取成就了。

珊珊與志輝的問題頗相似，不同的是在學校裏，珊珊是「風頭人物」，積極投入課外活動卻逃避學業上的責任；而志輝是不起眼的學生，欠缺自信心，甚至會被大家標籤為「宅男」。

競文是成就取向的學生，愛與別人競爭比較，目標清晰。他訂立了「行動方案」，就是不斷補習，企圖補救他自以為不夠水平的學校教學成效。他的方法很可能未有針對問題的根源，也反映出他欠自省、隨波逐流的心態。

靜雯了解自己的興趣所在，也對面前的機會作過資料搜集，分析取捨的利弊，才下決定轉讀應用學習課程的形象設計。好的行動方案除了讓她全情投入形象設計這課程（這點不難想像），還包括重新規劃其他學科的溫習時間、進度，平衡各方的要求。故事發展下去，靜雯可能在形象設計讀得非常出色，展示過人的才華，順利進入大專的設計學系；又或經過兩年的體驗，她決定將藝術作為興趣而選讀其他學科——面前有眾多的可能，就看她如何選擇了。

認清目標

正面對高中選科抉擇的同學而言，面前是不少的挑戰。年輕人需要真正認清自己的長處和短處，加深對學科和課程的了解，並制訂個人生涯規劃檔案，包括高中及之後的升學目標以至職業選擇；可是亦要留意未來的規劃是一個循環，定期反思，從成敗得失中評估自己的策略，作出修訂和更新。

中三時所作的選科決定只是起點，經歷實際情況後要不時檢討，修訂往後升學就業選擇與路向。同行者可以給同學兩個任務：

第一：了解高中課程的架構。由於科目選擇具彈性，同學要了解不同學科及學校提供的組合，才決定選科取向。同學要放下成見，認清對不同學科的學習興趣和能力；

第二：參與一至兩項課外活動，甚至參與有興趣學科相關的活動或比賽，從中認清學業或事業方面的人生目標。過程中所得的種種經驗以至成功感，亦能成為推動同學向目標邁進的成功。

要明白這只是個開始，而非不能轉變的定案！

提升成功機會的行動計劃（SMART Model）

訂立目標，包括一個長遠的和很多個短期的目標。按部就班地完成短期目標，將帶領年輕人朝向長遠的目標邁進。

提示 1：訂立學習或事業目標時的建議：

- 目標須要實際及可行；
- 徵詢老師、家長和朋友的意見和建議；
- 將短期和長遠目標寫下來，並定期作評估和修訂。

提示 2：鼓勵年輕人訂立邁向目標的行動計劃 —— be“SMART”！

- **S**pecific 特定的 → 需要做什麼具體的任務或行動？
- **M**easurable 可量度的 → 怎樣才算達致成功或完成任務？
- **A**chievable 可達到的 → 這任務或行動能否在可見的將來完成？
- **R**ealistic 實際可行的 → 以我現時的能力，我能否處理這工作或行動？
- **T**ime Check 有時限的 → 何時能夠完成行動計劃？

例如：年輕人的目標是「改善數學的能力」，使他 / 她能順利達到選修高中數學科延伸課程的校本要求。一個 SMART 計劃可以是：

S：同學主動找數學老師討論他 / 她的弱項和如何改善。

M：訂立溫習計劃，包括每星期完成 20 條數學練習（切忌流於空泛，例如「努力溫習」——應考慮怎樣才算「努力」？可具體地説明溫習的時間、內容、進度嗎？）

A：從接續的數學測驗成績評估溫習計劃的成效。

R：在終期考前持續溫習計劃；

T：如評估原定的計劃效果不彰，可與老師跟進問題，修訂溫習計劃（每星期額外多做 20 道數學題就足夠嗎？個別數學課題會特別困難，須額外跟進嗎？）

生涯習作

怎樣提高完成行動計劃的機會？

小測驗：

策略，決定你成功的機會

下列 10 項進行計劃的策略中，有哪些項目是你習慣用的？請在「是 / 否」其中一欄圈出你的選擇。

當我希望完成一個計劃，或達成一項目標，我通常會：

1. 訂定清楚明確的步驟，按部就班逐項完成。	是 / 否
2. 以某名人或偉人的座右銘為我的推動力。	是 / 否
3. 將我的實踐計劃告訴友人。	是 / 否
4. 假想失敗的負面後果，警惕自己。	是 / 否
5. 假想成功的實質結果，鼓勵自己。	是 / 否
6. 與目標不相關的，不去想它（例：吃喜愛的零食）。	是 / 否
7. 每完成一小步（短期目標），都給自己一點小獎勵（例：每完成 10 題練習，可小休 10 分鐘）。	是 / 否
8. 靠意志力堅持。	是 / 否
9. 記錄爭取完成目標過程中的進度（例：記錄每星期完成的練習題數）。	是 / 否
10. 想像達成目標後人生會多美滿。	是 / 否

計算 1，3，5，7，9 題分數的總和為「甲」類得分；答「是」得 1 分、答「否」得 0 分
計算 2，4，6，8，10 題分數的總和為「乙」類得分；答「是」得 1 分、答「否」得 0 分

甲類得分：
乙類得分：

誰的策略達致成功的機會較高？

心理學家總結多個研究結果，確認「甲 > 乙」得分的人，他們的行動策略較「乙 > 甲」得分的人，成功機會較大！

原來，要成功實現理想，無論是提升某學科的成績，抑或修身健體，都宜將大目標分拆成小步子，因為要完成小步子的難度較低，感覺上有能力實踐。告訴朋友後，別人的壓力和鼓勵都會成為我們一點推動力；想像實質成果較想像失敗給我們多點正能量；小獎勵和記錄進度都能有效推動我們繼續前進，提升我們逐步邁向目標的信心。

你多用「甲」的策略還是「乙」的策略？是時候作一些改變嗎？[註3]

註 3：此小測驗的背景資料來源為 55 Seconds（Richard Wiseman）。

成長任務二

認識自己、探索未來多元的可能性

生涯個案

學生名稱：小光

升學目標：醫科、工商管理

現況評估：中五；學業成績不錯，根據學校師兄師姐的往績，現時應可達到入學要求。對數學、機械等活動和專業較有興趣，解開數學物理科的難題時，有很大的滿足感，可以兩三個小時完全投入的做練習；沒有參加什麼課外活動。

考慮因素：擔心工程數理沒出路；不是特別喜歡醫科，家人也沒施加壓力，選擇醫科和工商管理是因為虛榮感。

職業興趣：R 和 I

學生名稱：慧明

升學目標：醫科、護理、人文學科

現況評估：中五；成績普通，兩個理科選修科表現得不大好。

考慮因素：因小時候生了一場大病，得到醫生護士的照顧，認為做醫生是很神聖很有意義的工作，便立志以此專業為我的志願。中英文尚算得心應手，對通識科興趣愈來愈濃厚，該科以探討土瓜灣地區重建為題材，成果獲導師讚賞。

職業興趣：A 和 S

學生名稱：嘉諾

升學目標：醫科、理科

現況評估：中五；學業表現優秀；喜歡理科，做科學探究。

考慮因素：醫學可學以致用，用專業知識幫助病人減輕患病帶來的痛苦，希望有一天可當無國界醫生，服務偏遠地方的人。自高中起就對科學原理和做實驗，用科學方法驗證假設感興趣，但感長時間關在實驗室裏做研究沒人氣，希望可以做接觸人的工作。參與學校義工隊，去年暑假參加了一個體驗計劃，到醫院裏做六個星期義工，協助護理人員聯絡病人家屬，從旁觀察醫護人員的工作。

職業興趣：I 和 R

個案四：偉強

升學目標：醫科

現況評估：中五；學業成績普通。

考慮因素：自知在香港讀醫應該沒希望，但想完成父親的遺願，有一份高尚的職業、理想的收入，保障媽媽和妹妹的生活，壓力很大。因與職業興趣評估結果配合的升學出路和職業只有數項，倍感失望。

職業興趣：I 和 C

生涯輔導的起點：認清問題

小光和偉強追求的「成功」，建基於社會、家庭對成功的定義和期望。他們不能完全獨善其身，擺脱社會的普遍觀念，但極端如偉強的情況，結局是個人的迷失，甚至會拖垮前路。偉強的個案令人同情，想當然是家庭的錯，我卻不以為然。他過分將壓力擔子往自己肩上扛，緊緊抓着他所謂的成功指標不放手，堅持只有得到高尚職業和豐厚收入才能對家人有所交代，但偉強的媽媽真的這樣想嗎？偉強執著的，會否只是他一廂情願？

同行者與年輕人討論生涯和選擇，不要帶有批判或結論，幾個個案都選醫科為首，但有不同的理由、職業觀，有的未有考慮個人能力，有的執著一些想法，迷失又感壓力。個人或小組輔導過程中，以尊重的、信任的角度了解年輕人的想法，共同分析生涯抉擇的難處，同行者也適時地給予資訊，特別是鼓勵他們探索不同可能性，不急於一次面談就得到答案。

在學校場景，我會以小組形式作為生涯輔導的起步。小組輔導的優點，讓組內已建立互信的成員能互相提點、激勵。用説故事的方法也好，用量化複雜的評估工具也好，生涯輔導的目的不是要給學生提供抉擇的答案，而是刺激他們思考、尋找答案；過程中能與同行夥伴交流，從別人的經驗中反思、學習，是很寶貴的經驗。

不少輔導人員重視職業興趣評估結果，因它可提供更多與年輕人興趣、性格及活動有關的參考資訊，亦有助發掘他們將來進修的潛在取向，但這絕非對將來發展的任何預測。同行者要了解，評估工具的限制，它嘗試依個人的結果配對現有的課程特質，但選擇不要求單純的配對，最終的選擇還要考慮個人事業願景、環境因素。本地的課程類別始終有限，建議拓闊探索範圍。以偉強為例，可分別參考與 I 相關的大量課程，和與 C 相關的課程，選項還可以更多。

哪條路適合我？

選科除了考慮最適合的、夢寐以求的課程，也得明白某學科和個人志趣如何配合。競爭激烈的學系，最理想的也有可能落空。每個同學都要有兩手準備，就是要有 Plan B，可由與首選課程相關的學科開始，考慮相關而收生要求較低的課程。每一間大學都有其出色或特色課程，不贊同年輕人只靠所謂「大學排名」選科。喜歡商科的，每間大學也有商學院，可多了解、比較各院校同類課程的特點。立志行醫助人的固然值得欣賞，但也要探索其他與醫療專業相關的課程，如護理、職業治療、以至社康服務課程……眼界拉闊一點，選擇不會如想像的局限。

慧明對自己真正的興趣和能力，以至學科的本質和要求都一頭霧水，但性格開朗，尚算虛心受教，這類年輕人我們不用太擔心。每人的成熟度都有差異，願意尋求他人幫助和意見，肯嘗試多花點時間做好準備功課的，要找到適合自己的路不難。

不要以為嘉諾是我刻意撰寫的虛構人物，故事中的每一位都真有其人。在多年升學輔導的經歷中，像嘉諾的學生並不罕見。能在年輕時已確立人生目標，並立志付諸行動，以毅力爭取達成志願，很值得鼓勵和欣賞。不局限於以行醫濟世為願景，也可以是創作、音樂、社會工作、教育，甚或法律、政治——在認定的職業裏盡忠職守、發揮所長，即或微不足道也能為改善社會而努力，這是人生的召命（Vocation）。哪怕在別人眼中並不是成功人士，這樣的年輕人將來必定大有成就。

學生學習概覽與大學升學

「其他學習經歷」是指同學在中學，特別是高中階段的學習歷程，「學生學習概覽」（Student Learning Profile，SLP）就是個人學習經歷的結集。很多同學和家長以為同學必須在高中三年內累積一定的「時數」，以符合大學及專上學院的收生要求，這其實是極大的誤解！

無論是教育局或大專院校，都不會以「時數」量化學生的其他學習經歷作收生條件，更甚者大學教授們其實對這扭曲的教育怪現象不以為然。反之，同學依個人興趣，持續參與一至兩類型活動，更能反映同學的特質，和在相關學術或專業範疇的熱誠和能力。有大學收生負責人認為，個別同學的「其他學習經歷」有好幾十項，包括看電影、上體育課、學科戶外考察等，只會給人堆砌的感覺。

學生學習概覽為學校發出的學生個人資料，內容包括幾部分：高中三年校內成績、「其他學習經歷」選錄、校外活動及獎項，以及一篇個人自述。高中畢業前，同學可選擇將部分「其他學習經歷」項目及校外獎項置於「學生學習概覽」內。建議選 10 至 15 項重要的、與升學方向有關聯的學習經歷。至於個人自述，理想是約500字（註:本港聯招制度的個人自述部分以500字為上限），説明學習經驗如何帶來個人成長，及同學對升學、事業發展願景的反思文章。

撰寫生涯劇本，由家長開始

生涯規劃是回顧和撰寫人生故事的過程。在回顧的歷程中，我們都不自覺地捕捉那些對個人成長有影響力的人和事，理順當中的前因後果。不容易，但也不困難，説或寫自己的真實故事就可以了。這不是要評分的功課，家長也可先整理自己的故事，了解自己的過去、選擇的掙扎，這是一個個人輔導的歷程。找機會與子女真情分享，他們會感受到成年人和年輕人面對抉擇時的心情也一樣，彼此間的距離沒有想像中的大。

生涯習作

生涯劇本

誠邀你回顧成長過程中對你重要的片段，那些對你影響深遠的小故事，將要成為你規劃未來的生涯劇本的重要情節。可寫一篇關於過去，一篇關於現在，還可以寫一篇你盼望中的未來。以下是一些提議，但不必局限你的內容，可以自由發揮。

1. 你最喜愛的學科：這學科對你為何有吸引力？何時開始愛上這個科目？曾經自主地接觸更多相關的知識嗎？
2. 學習經驗：可以是課外活動、比賽或義工服務等。那次學習經驗帶給你什麼深刻的感受？最令你投入的是什麼？給你帶來哪些挑戰個人能力或習慣的機會？這經驗是個別參與的，還是羣體活動？如是後者，你與其他參加者的互動和關係如何？你如何評價你在這活動的表現？為什麼？
3. 你最欣賞 / 敬佩的人：這人物有何行動、性格、態度、學識等令你欣賞 / 敬重？有哪些特質是你希望學習的？這人物有哪方面是你不大欣賞的？
4. 你最投入的興趣 / 活動：什麼令你感到最有趣或最興奮？發展這興趣 / 活動是怎樣發展出來？藉這些興趣活動建立起來的技能和知識等，可以應用到生活的其他方面嗎？有相關例子嗎？
5. 夢想職業：你夢想中的職業有哪些特質至為吸引？為何你會希望以此為職業？你希望在該行業取得什麼成就？你身邊的朋友和家人會支持你從事這職業嗎？為什麼？

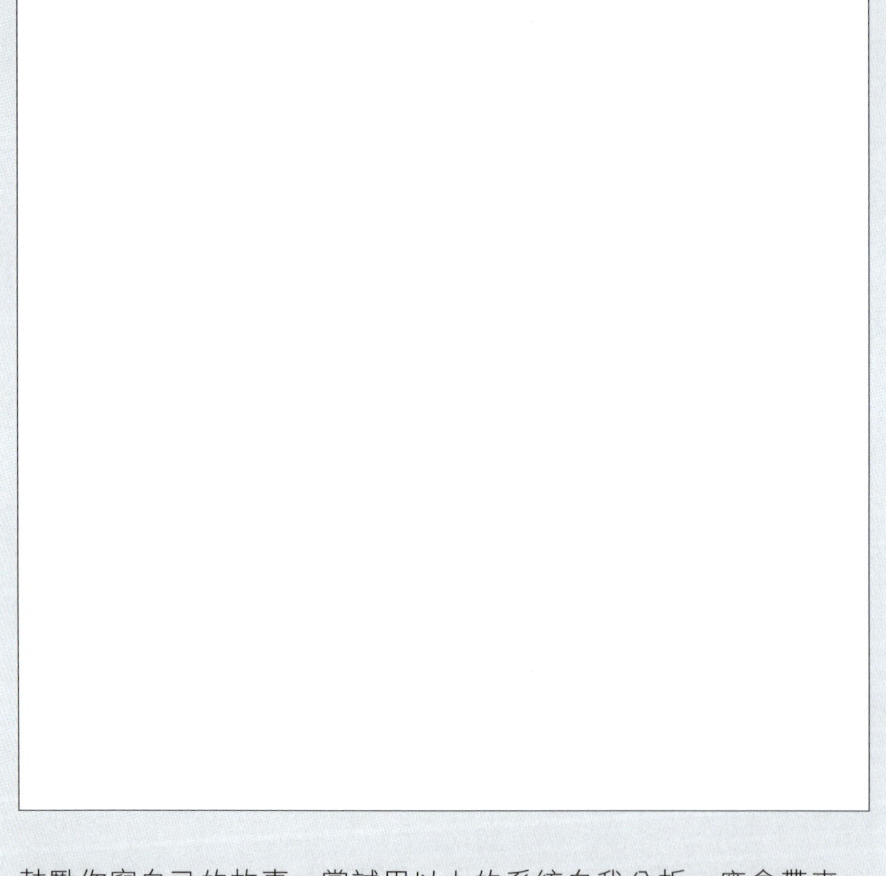

鼓勵你寫自己的故事，嘗試用以上的系統自我分析，應會帶來一些啟發。往後的決定，就是撰寫人生故事下一章的開始。年輕人感受到自己在參與嗎？他們領略到個人要為自己所作的每一個決定負責任嗎？

撰寫個人自述

同學撰寫個人自述，最大的挑戰是要突出「獨特的自己」。寫作功力固然不可少，但關鍵的因素，是要透徹地了解自己的興趣、性格、技能及個人理想。我們沒有個人自述文章的完美配方。大學招生人員的建議是，最能得欣賞的文章，是那些真實反映個人成長經驗、展現創意、個人特質，並不吹噓造作的自述。

以下是大學招生人員的一些建議：

1. 認識心儀的學系 / 學院 / 課程

   同學需真切地表達對心儀學系 / 學院 / 課程的認識，切忌為取悅招生人員，過分吹捧學系 / 學院 / 課程的成就。

2. 説明怎樣發展出對某學科的興趣和能力

   同學闡述對某學科 / 課程產生興趣的背景和原因時，宜附以合理的解釋和説明，如「去年我於甲公司實習了三個月，負責採購和營運，從此便對商業運作產生了濃厚的興趣」。

3. 選擇某院校 / 課程的原因

   同學講述經歷時，可同時顯示自己對某課程的深入認識：如「甲院校的工商管理課程向來重視社會企業責任，並為學生提供無數的增值機會，因此激發起我入讀的決心」、「我深信乙大學的工商管理課程能把我打造成一位有道德操守的商界領袖」。

4. 寫作須認真而嚴謹

下筆前先組織內容，完成後小心核對文章的內容，確保沒有錯誤或重複的部分，讓招生人員感受到同學認真嚴謹的態度。

5. 顯示你的獨特之處

一般來説，招生人員期望透過個人自述了解申請人的性格、抱負、修讀原因或是否適合該課程。因此，自述文章要寫得好，所講的故事便要主線明確，同時能表達同學的熱誠與個性，切忌陳腔濫調、人云亦云，這樣才能使招生人員對申請人有獨特而深刻的印象。

成長任務三

抉擇前路，認清能達至個人目標的不同路徑

了解本地多元出路

自新學制實行以來，本地文憑試考生的人數持續下降。兩個升學指標：升讀本地大學學位課程成績須達 33222 以上（中、英文達 3 級，另三科達 2 級或以上），和升讀本地副學位課程（包括副學士及高級文憑）成績須達 22222 以上（五科達 2 級或以上，包括中、英語文）的比例很穩定，前者約四成後者約七成。從多元出路圖表所見，因學位供應充足，達既定指標的學生，便可獲相應的學位。「學位過剩」的情況漸漸出現。

根據教育局從學校收集的高中畢業生出路統計數據，當中超過九成繼續升學，其中 90% 修讀本地學位或非學位課程。至於選擇海外升學的，以國內、台灣及英國的為首三位。

本地升學出路簡圖

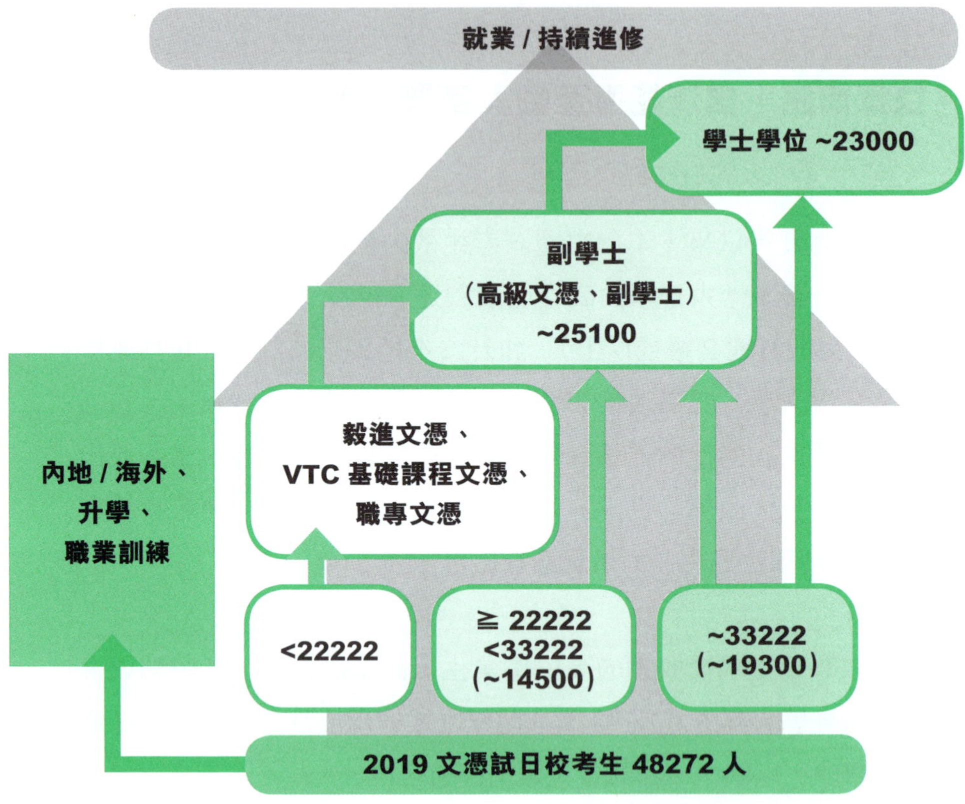

* 數字以 2019 年文憑試為例

2018 年中文學生出路統計調查

		課程類別	
升學 43058（90.8%）	本地 38869（90.3%）	學位	35%
		非學位	55%
		重讀	0.6%
（就業 4.6%）	非本地 4189（9.7%）	學位	8.1%
		非學位	1.6%

【資料來源：香港教育局《2018 年中六學生出路統計調查》https://334.edb.hkedcity.net/new/doc/chi/20190305/parents_seminar_session1.pdf】

聯招策略

作生涯抉擇的個人、關係和環境因素，在前幾課已有分析，在此不贅述。這節討論的，是聯招選科策略。先了解遊戲規則，即了解聯招取錄機制，才可談策略。

聯招申請人有 20 個選擇，文憑試放榜後可改其中 5 個，又可重新排序。不過，歷年數據顯示，最後獲取錄的申請人有超過 80% 得 Band A（A1, A2, A3）或 Band B（B4, B5, B6）聯招課程，其中 Band A 課程已有平均八成。因此，坊間普遍認為，首三志願中，第一位可「博一博」，第三志願就必須「穩入」。放榜後聯招申請人只得一兩天改選，有時候會取便利之法，在云云課程中選一些自己不了解的課程放在 A2、A3 位置，但求自己的成績符合去年收生的水平，以得到一個 offer 為目標。

聯招的機制，是每位申請人只會獲發一個能達至的最高選擇優次的 offer。舉例一位申請人獲六個課程取錄（A2, A3, B4, B5, B6, C8），但依機制，他只會獲 A2 取錄。因此，不少申請人將「穩入」的課程置 A3，而這卻不是最理想的選擇。有的獲派課程後才開始認識那專業，但近年也愈來愈多人因為「不喜歡」獲派結果而選擇放棄（Decline offer）。

無論放榜前後，課程選擇優次都得全面考慮個人特質、不同院校和課程的取錄原則和聯招操作機制，以下為考慮因素：

- 個人興趣
- 比較及考慮各大學同一專業的課程
- 課程入學要求（科目、成績、計分方法）
- 優先考慮科目 / 計分較重科目
- 面試安排
- 過往三年收生成績
- 學額

建議做足功課，可如以下例子，製作首六個（或更多）課程資料表，搜集心儀課程資料，互相比較，理性分析如何排序，提高入讀目標課程機會。

例子：有志於護理學的……

	選項 1	選項 2	選項 3	選項 4	選項 5	選項 6
選擇	CU Nursing	HKU Nursing	PolyU Nursing	OU Nursing（G）	OU Nursing（M）	TWC Nursing
個人興趣	****	***	***	***	**	***
其他大學有同一專業嗎？	Y	Y	Y	Y	Y	Y
課程入學要求（科目、成績、計分方法）	332233（4C+2X）	332233（best 5）	332233（4C+2X）	33222（4C+1X）	33222（4C+1X）	3322（best 5）
優先考慮科目 / 計分較重科目	1Sci	—	Eng/Chi/Apl…	1Sci/ApL	1Sci/ApL	Eng Lv4
面試安排（必須？放榜前 / 後？）	Y（a）	Y（Jun-Jul）	N	Y	Y	Y（a）
過往三年收生成績 / Band（參考：JUPAS, HKACMGM）	29（6）	24（TBC）	27.8（6）	20	18	19.1
2019 學額	195-225	205-215	190-200	325	125	350

中學文憑試評級

1. 香港中學文憑試由三個科目類別組成：新高中科目、應用學習科目及其他語言科目。

   香港中學文憑試會採用水平參照模式匯報評核結果，意思就是按有關科目的變量，或刻度上的臨界分數而訂定水平標準，然後參照這套水平標準來匯報考生表現的等級。

   新高中科目的考試成績會分為五個等級（1 至 5 級），第 5 級為最高等級。表現低於 1 級則標示為「不予評級」。第 5 級中表現最佳者可獲 5** 級，其次者獲 5* 級，以有效地確認及識別表現優秀的考生。有關評級的描述和範例，可參考 http://www.hkeaa.edu.hk/tc/hkdse/SRR/。

2. 應用學習課程與其他學科的評級準則不同，成功完成課程的考生，其成績將分為「達標」或「達標並表現優異」兩個等級。如考生在應用學習取得「達標並表現優異 I」、「達標並表現優異 II」，其水平分別會被評定為相等於香港中學文憑試科目水平參照成績匯報的「第 3 級或以上」及「第 4 級或以上」。

3. 其他語言課程會採用劍橋大學國際考試組高級補充程度的課程（法語、德語、印地語、日語、西班牙語及烏爾都語）。學生如透過學校的選科機制報讀，可報考由考評局承辦有關科目的劍橋評核考試，成績會載列於香港中學文憑試證書上。

專上學院課程收生要求

1. 本地學士學位課程要求，香港中學文憑試英國語文、中國語文、數學及通識科分別取得最少 3322 級別成績，大學個別學系會就選修科目訂定等級要求。

2. 副學位包括副學士學位及高級文憑，兩者均為獨立而具價值的資歷，可讓同學繼續升學進修及就業。高級文憑課程較強調某一個專業所需的專門知識和技能，而副學士學位課程則較着重基本知識和技能。學生在香港中學文憑考試考獲五科（包括中國語文科及英國語文科）第 2 級或以上的成績，而其中最多可提交兩個應用學習課程的成績，便可報讀副學位課程。

（經評審專上課程資料網，iPASShttp://www.ipass.gov.hk/）

大學聯合招生辦法（JUPAS）

簡稱「大學聯招辦法」，是協助持有香港中學文憑成績的學生，申請修讀以下課程的主要途徑。成員包括下列幾類院校及課程：

- 城大、浸大、嶺大、中大、教大、理大、科大及港大獲政府資助的全日制或廠校交替制學士學位課程；
- 城大由政府資助的全日制副學士學位課程；
- 理大、教大由政府資助的全日制高級文憑課程；
- 公大非政府資助全日制學士學位課程。
- 指定專業 / 界別課程資助計劃。

（參考網址：www.jupas.edu.hk）

大學在考慮入學申請時，申請人的「其他學習經歷」及「學生學習概覽」將會是有用的補充資料。學生可撮要記錄他們的「其他學習經歷」及課外活動等資料，並透過聯招處的專用表格「比賽/活動的經驗及成就」(Other Experiences and Achievements in Competitions/Activities，OEA）遞交資料；而「學生學習概覽」亦可上載至聯招系統供院校參考。此外，聯招及院校設「校長推薦計劃」及「傑出運動員入學/推薦計劃」，特別考慮個別申請人非學術範疇的能力和成就；殘疾申請人或會獲得特別考慮。

有用資源	內容	網址及 QR code
香港輔導教師協會「聯招」及本地升學出路資訊	每年 11 月更新聯招及課程資料，另有放榜實用資源，供學生、家長、輔導人員免費下載。	www.hkacmgm.org
指定專業/界別課程資助計劃	資助計劃每年為 3000 名修讀指定本地自資學位課程及 2000 名修讀本地自資副學位課程的學生提供資助。 學士學位課程：在 2020 至 2021 學年，每名入讀實驗室為本的學士學位課程的學生，每年可獲達 74,600 元的資助；而入讀非實驗室為本的學士學位課程的學生，每年可獲達 42,800 元的資助。 副學位課程：在 2020 至 2021 學年，每名入讀實驗室為本的副學位課程的學生，每年可獲達 36,400 元的資助；而入讀非實驗室為本的副學位課程的學生，每年可獲達 20,850 元的資助。	https://www.cspe.edu.hk/tc/sssdp/sssdp.html

有用資源	內容	網址及 QR code
自資專上教育申請資訊	申請資訊及收生安排及過往收生成績搜尋器。	https://www.cspe.edu.hk
E-APP（專上課程電子預先報名平台）	「專上課程電子預先報名平台」（E-APP，http://www.eapp.gov.hk/）是教育局設立的一站式網上電子報名系統，所有參加文憑試的考生均可使用 E-APP 預先申請聯招以外經本地評審的專上課程。	https://www.eapp.gov.hk
Hok Yau Club, OUHK & Adult Research Centre	「香港專上學科選擇測評量表」旨在幫助年輕人了解個人的興趣、技能及特長，並探討適合青年人個性特點的進修專業類別。	http://student.hk/appraisal/appi/?lang=c

生涯習作

在選擇升學就業出路時，你會考慮以下哪些因素？可在方格內加 ☑；它們相對的重要性如何？請在橫線上填上各項因素的相對重要性（1 為最重要，如此類推）。反思結果，你為何會這樣選擇？

- ☐ 興趣 / 科目特質 ________
- ☐ 收生要求 ________
- ☐ 與未來理想職業的相關度 ________
- ☐ 學科 / 專業前景 ________
- ☐ 院校 / 課程的「光環效應」 ________
- ☐ 家人 / 師長的想法 ________
- ☐ 其他…… ________

態度決定高度

是否要參加大學開放日？

每年 9 月底至 11 月初，本地大學輪流舉辦開放日，輔導老師、高中生和家長們每星期六都忙於在大學校園裏碰碰撞撞……參與大學開放日是一站式了解個別大學和其課程的難得機會，但如何藉此尋找機遇？

除八間受教資會資助大學及香港公開大學的課程外，聯招還引入了分佈於多間院校約三千個學士學位名額的「指定專業 / 界別課程資助計劃」，涵蓋職業專才教育範疇的課程。對年輕人而言，要從幾個課程裏選 20 個作聯招課程選項極不容易，關鍵的問題當然包括對個人升學興趣和能力的認識、事業願景；此外，對升學環境的認知、能否深入理解各課程的特色和前景，也非常重要。

生涯個案

1. 讀中六的美美，一個早上已聽了四場學院課程的入學講座，她仍不肯定自己的選科方向，聽罷各個講座，各有吸引之處，她更感迷惘。

   中六課程和功課太緊迫，同學不可能出席所有大學的開放日。可就自己感興趣的學院、課程範疇，選擇三、四間有開辦相關課程的大學，並先了解這些課程入學講座、參觀的時間表，重點選擇參與。不妨多向心儀課程的講師、學生交流，了解課程特質和學習經驗等，嘗試比較不同院校同類課程各自的發展重點和特色，對作抉擇和準備面試也有幫助。

2. 同是讀中六的莉莉，很有效率的到各課程單位跑了一轉，集中精力搜集各課程去年收生成績、特別取錄條件等，她還製作了一份各院校取錄條件總表。

   對中四、中五的同學而言，參與大學開放日是開眼界，提升對有興趣的課程的認知。那些只聽過名字、甚或連名字也未聽過的課程，同學也可找機會了解其主題、上課環境和設備，不時會有驚喜。中學的課程只是學海裏的一點，大學無論在人文科學、社會科學、數理工商等學科範疇的空間之大和多元化，是高中同學未曾想像過的。

3. 中二的明明，由學校升學及就業輔導老師帶隊到大學開放日參觀，希望初中學生早日以升大學為目標，使他們更加努力。明明只見人山人海，對課程展覽等內容似懂非懂。

個人認為，初中生要到大學參觀，感受高等院校莊嚴的學術氣氛，以感染同學提升求學目標，除了開放日，還有更好的時機。不妨請正在大學就讀的師兄姐擔任半天的大使，在平日上課的日子以小組方式帶學弟妹到大學參觀、到學生飯堂用膳，給他們體驗大學校園和大學生生活真實的一面，效果可能更好。

4. 永勤沒有參與開放日活動，因為父母認為他功課忙，吩咐他留在家裏好好溫習。父母倆已計劃妥當，分別出席不同場次的課程講座，做好筆記給永勤參考。

家長參與子女的升學選擇，與子女同行是好事。但重點是同步同行，不要也不能代替子女在生涯探索路上付出。父母太「勤力」，子女要不感到前路抉擇身不由己，要不採取消極態度，將責任全交父母好了。

大學的開放日通常於 9、10 月舉行，可事前擬訂一張名單，包括你感興趣或想了解多些的幾個課程，到開放日當天就得針對性地參觀那幾個學系，找機會與教授、學生談談。能對自己誠實，你已很清楚自己的優勢。

請慎重看待

香港輔導教師協會每年都舉辦聯招答問大會，同場派發幾十頁資料（網頁：www.hkacmgm.org/mp/），其中問到「聯招申請人最常犯的錯誤是什麼？」各大學的回應竟出奇的一致，包括：沒有因應個人興趣選科，過分刻意以去年收生成績評估個人的入學機會去排列 Band A 課程，入學後才抱怨課程不適合自己興趣、能力，卻未能適時轉系；沒有好好為入學面試作好準備，如理解課程內容、課程入學要求、主修選擇及分配機制等，個別同學甚至缺席面試；未有定期查閱來自聯招處及院校的電郵，錯失了重要資料提交日期、課程最新發展、以至入學註冊資訊等……

苦口婆心，都是要提醒年輕人以慎重認真的態度作生涯抉擇，不要以為船到橋頭自然直。以美美為例，她很清楚自己的興趣願景，選擇方向很清晰了。例如，城市大學商學院改為以課程收生，而科技大學除以學院收生外，也有以個別課程收生，故單以工商管理類別課程而言，就多了好幾個選擇！建議美美將大類收生的課程連同個別收生的課程一併考慮，Band A 的三個選擇都是自己感興趣的，而又會於文憑試放榜前舉行面試的課程，Band B

的三個選擇也應是同一範疇但興趣稍低，或不要求放榜前面試的課程；如此類推鋪排 20 個選擇。還有一點，不少同學「心頭高」，單單以「三大」為目標，在放榜前對其他院校的課程不屑一顧，無視各院校在不同學術領域也有出色的成就，白白浪費了不同選擇可能。這階段宜就個人的升學興趣為基礎，選擇來自各院校而收生水平不同的相關課程，到放榜時，就可因應成績作適當的調動。

不難想像以偉強的興趣、能力、性格氣質，工商管理不應是他的那杯茶。那他為何有這選擇，是受家人影響？對未來出路擔憂？還是他認為，升學選擇只是公開試與大學收生成績的配對遊戲？建議偉強與學校的升學輔導老師談談，要不他在入學面試已過不了關，或成為另一個興趣與課程錯配的例子。

什麼是聯招策略？認清自己，把握機遇；做足功課，盡力而為！

大學面試準備入門

兩分鐘面試決定一切？

曾有研究結果顯示，面試考官 / 僱主在首兩分鐘已對申請人有決定性的印象；年輕人常誤以為面試人員如中學老師，理所當然地給予你無限的包容和忍耐、願意花上以年計的時間了解你……這種掉以輕心的態度，往往是致命的！面試是一個彼此認識及溝通的過程，真正的面試成功關鍵，不在乎技巧及外表打扮，而在於你的個人質素，特別是你透過面試過程流露出來的性格和態度。認真、守時、有禮、為面試或工作做好準備、做足功課，這些看似顯而易見的基本態度及行為，往往是同學知而不行，不想認真處理的。對，關鍵就在於，你是否願意多做一點、多走一步？

以下是一些基本準備工作（適用於大專入學面試，相同原則可應用到職場面試）：

1. 做足功課，作充足準備

搜集有關學系或機構的資料，至少要仔細看過課程手冊或應徵機構網頁的介紹。如有學生學習概覽，參加面試前應重溫概覽的內容。

2. 答案精簡

無論對面試的問題有多了解，你回答問題的時間應在 20 秒至兩分鐘內。

3. 如何給人較佳的印象？

- 關於你的儀容——清潔、整齊的形象，容易為自己加分。注意頭髮及指甲是否整齊清潔；男生不要滿臉鬚根；女生的化妝及飾物是清淡簡單的好，切勿穿涼鞋，衣着以大方簡樸為佳，太誇張的打扮會令人聚焦你的外表，而忽略了你的內涵；當然，面試的服飾要因應不同學系或工種而配置。
- 舉止——除非面試人員主動，否則你不必主動與他握手，若有此需要，握手時切忌軟弱無力，並應面帶微笑；與面試人員保持眼神接觸；小動作可能是面試的致命傷。
- 自信——不要忽視你中學 / 大學時代的成就和經驗，包括社區服務、課外活動、比賽、兼職等；記着，你不用如數家珍般列出所有活動項目，而是嘗試強調你在這些活動中鍛煉出來的能力及質素；說話的聲線要適中；切勿打斷別人的說話。
- 禮貌——對別人保持禮貌；面試完結時，以誠懇的態度多謝面試人員給你面試的機會。
- 價值觀——誠實、盡責、主動、積極、依規則辦事；避免讓人覺得你鋒芒太露或喜歡挑戰別人；切記，準時！

4. 預備基本問題的回應

- 請以一分鐘時間介紹自己（中文、英文）。
- 為什麼選讀此系 / 申請這職位？
- 你對大學生活 / 工作有何期望？
- 你的理想、目標是什麼？
- 請介紹你的課外活動 / 兼職 / 義務工作，從中你學到什麼？請說出一次難忘的體驗或經歷。
- 你的閱讀習慣是怎樣的？
- 你最欣賞的歷史人物是誰？為什麼？
- 你對香港的大學生 / 90 後年輕人有何看法？
- 你有什麼優點？
- 你有什麼缺點？

就大學課程面試而言，多以英語進行，也有須兩文三語的，着重同學的表達及組織能力、演說能力以及批判思考能力。同學要多看多思考時事。在小組討論中主動參與，以輕鬆的心情投入討論，表達個人的分析和立場。衣着方面只要自然大方，貼合學生身分便可。院校會考慮不同因素，包括校長推薦書、同學的校內成績及等次、其他學習經驗及成就、師長評語、五百字以內的自述等。個別視覺藝術課程會考慮同學的藝術作品集，提交藝術作品集的重點是要觀察同學是否有能力系統地整理自己的作品，特別是發展作品的過程及自我評鑑。

大學收生負責人都指面試最常見的問題，是申請人到面試的一刻都沒有弄清課程的特色和要求！曾聽浸會大學中醫藥系的教授分享面試策略，説修讀中醫的同學需要有以下特點：(1) 愛：由於同學學習的是醫科，必須要有愛心；(2) 精：同學的學習要有焦點（Focus），對自己要有要求及上進心；(3) 細：修讀中醫的同學將會成為醫生，要十分細心；(4) 勤：中醫課程的內容很多，同學要勤力學習。因此，同學參與中醫學系的面試前，要好好思考，自己的學習經歷和表現，是否能令教授相信他擁有「愛、精、細、勤」的特質。

如面試以小組形式進行，需分享個人強項及對課程的興趣，與面試人員和其他參與者有眼神交流，注意表達技巧。小組面試時不用搶答。面試目的是雙向的，一方面對申請人的能力、興趣作出評估，另一方面讓申請人了解課程 / 職業內容。

生涯個案

時光倒流，回到某年文憑試的放榜日，學校發放成績單後，我逐一接見學生……

美美與母親一同前來，母親擔憂的心情溢於言表。細看成績，美美考得不差，最佳五科有 19 分。美美希望修讀食品科學或與飲食有關的課程，母親覺得女兒沒大志，怕她放棄讀學位課程。

偉文的志願是修讀環境或土木工程學位，事前也做足了資料搜集，除傳統的幾間大學的相關課程外，他已經 E-APP 報了兩三個由本地新院校開辦的同類課程，放榜前已完成面試。他考了 20 分，符合有條件取錄資格，心情輕鬆。

綺玲的目標是大學護理學課程，她一向成績中等，18 分的成績算是合理，但以這成績要入讀港大、中大、理大的護理學難度甚高。她沒有報讀聯招系統內的 SSSDP 護理課程，或任何聯招以外的學位或副學位課程，我鼓勵她立刻行動，她不情願的説：「我只想讀三大。」

DSE 放榜 —— 如何準備？

生涯規劃的起點，是知己知彼，作充分知情的升學或就業選擇，同時也得審時度勢，隨機應變。輔導人員的目標，不是為年輕人作選擇，而是從旁輔助他們了解自己以外，釐清混亂的資訊、破除迷思和不必要的執著。以「三大」為升學目標沒有錯，但只着眼於約定俗成的所謂「最好」，忽略了身邊切合自己能力興趣和事業願景的不同選項。

個案分析

本港有 20 所可頒授本地學位的專上教育院校，包括 8 間由大學資助委員會撥款的院校、11 所自資院校及由公帑資助的學院。院校間在資源、歷史、課程上當然有差異，但在辦學質素上受嚴謹的水平監察。

「指定專業 / 界別課程資助計劃」(SSSDP；詳情可參該計劃網頁）約 3000 個學位名額，經聯招系統分配；副學位有 2000 名額，可經 E-App 或向有關院校自行申請。計劃內的專上課程涵蓋就業前景不俗的職業專才教育範疇的課程，由產品設計、護理、工程到檢測認証等。這些課程由 6 間自資院校開辦，同學如以 SSSDP 計劃入讀，可得每年約四萬或七萬的學費資助，個別課程的學員每年只須付數千至萬多元學費。根據院校提供資料，現時入學的平均分數由 16 至 21 分不等，對成績中規中矩，有清晰專業發展方向的同學而言，是很值得考慮的升學機會。

美美最後入讀 SSSDP 計劃中的廚藝及管理學士課程，母親也安心；偉文也是修讀 SSSDP 裏的環境工程學位，他愈讀愈起勁；綺玲執意要入「三大」，她選擇重讀，再考文憑試……

放榜前倒數

完成文憑試，考生和家長可有什麼準備？畢業旅行、暑期工、形形色色的生活體驗活動，都極具價值。三年來綳緊的學習日程、幾經挫敗挑戰累積下來的壓力和勞累，要好好的讓身心舒緩；探索新的興趣、讀幾本想看而未有機會看的書、重拾放下已久的樂器或球拍；還有，與家人相處、一起吃晚飯，不用再被關心「讀完書未」…… 久違了的空間，要好好享受「放空」的權利。不過，還得花一點時間，為未來作好準備。以倒數 50 天為例，可行的任務包括：

1. 已報名大學聯合招生辦法的，可重新檢視 20 個課程選擇，誠實地因應自己在公開試的發揮，考慮調整選擇優次的需要；也可多了解不同院校、不同課程，很多時會發現「滄海遺珠」，因個人偏執或資訊不足，忽略了合適個人能力和興趣的課程。

2. 放榜當天要思考和處理的事可能很多，加上情緒波動，要冷靜作抉擇不容易。同學可就 20 個選擇中的首六個課程（Band A 和 Band B，應該是幾個最希望入讀的課程），搜集以下放榜後修改排序時起關鍵作用的資料：課程基本收生要求、課程的指定高中學科及優先科目要求、收生人數、過往收生分數、面試安排等（見頁 210 例子）。勤力一點的，將首 10 個選擇的資料都表列出來吧！放榜當天帶同這份資料，向升學及就業輔導老師或其他輔導人員尋求諮商意見時會很有用。

3. 聯招系統以外，還有很多升學或培訓的可能性。透過 E-APP 向自資院校報讀學位和副學位課程的第一階段一般於 5 月中旬截止，但第二階段隨即開始，至 6 月底結束。根據過往的經驗，很多同學在應考文憑試前都未及考慮自資課程，沒有報名因為認知不足，也有心態問題。把握機會，多了解有關資料也未為晚也。已有心理準備未必能考獲文憑試五科二級（包括中、英文）的同學，如期望可繼續走上本地升學階梯，可搜集毅進文憑、職訓局基礎文憑等課程資料。毅進文憑已開始接受報名，完成一年制課程及格可取得文憑試五科及格（包括中、英文，或包括中、英、數，視乎課程內容而定）的資歷。準備充足，心就較能定下來！

給文憑試考生家長的話

面對孩子放榜，家長的心情如何？總有一點不能言喻的忐忑和憂慮吧？

從事生涯輔導工作多年，所有我叮囑家長們要做的，在女兒放榜那一年我也提醒自己要付諸實行：鼓勵她從多角度認識個人專長與能力、拓寬視野認識不同的出路和可能、給她選擇的自由、在心靈和經濟層面給予可行的支持。當然，還得時刻留意她的情緒變化，隨時做好準備，無條件的做聆聽者……相信你也在過去的一段日子非常努力地做好「同行者」的角色，也可能會發現，這過程真的不容易！我們的擔心以至無力感，很多時都難以宣之於口，因為我們都怕為子女加添壓力。於是，家長也快壓力「爆煲」了。

放榜前幾天，家長務要給自己多一點安靜的時間，為可能的挑戰作好準備：

1. **思想的準備：**撫心自問，你擁抱的是社會世俗「一試定生死」、以成績決定出路甚至是個人價值這等心態嗎？對子女的期望有多大程度是來自要面對親友及羣眾的眼光和標準？子女在你心裏的價值，他們令你欣賞愛護的地方，應遠遠超過一個文憑試分數。對，這是一場家長的自我心理戰，讓我們反思自己的信念，重新肯定我們對子女既有出於愛心的期望，也有同樣接納、信任和耐性。
2. **行動的準備：**有一位母親，在兒子考公開試期間，不能吃不能眠，非常緊張；放榜當天，兒子的成績還可以，但母親的回應傷透了他的心：「我這麼辛苦，你才考出這樣的成績？」我相信她是壓力太大，不能自控，才會説出這樣的話。設身處地，你又會對兒子説什麼？放榜前幾天，找機會與子女在輕鬆的情景下商討放榜的安排：他會希望或接受你一起回校領取成績嗎？他有何憂慮？

已有初步的升學方向和後備方案沒有？萬一成績與預期的出現落差，他有沒有想法？家庭在經濟上的能力如何？對年輕人而言，家長說「你考得更差我也會接受」，被理解為對他們的能力不信任，有時真為難。不知道說什麼時，默默的陪伴就是了；他們可能需要一點時間、一點空間去消化結果、整理情緒，告訴他們「需要時就找我」(I am ready.)。

3. **掌握多元出路，提防升學陷阱：**頒發本地學位或副學位資歷的院校提供的課程，經過評審機制檢視課程水平；若要報讀外地院校經本地機構在港修讀的課程，就要格外小心，多了解銜接途徑，也可查看資歷名冊（www.hkqr.gov.hk），查證該課程是否已接受本地學術評審機構評審。

為人家長，隨着子女面對人生不同階段的挑戰，也在同步經歷成長。你不孤單，也需要支持，如真的有困難，可尋求放榜輔導支援。總之，盡力而為就是了。

海外升學

生涯個案

永誠、子善和明慧是中五同班同學，這天找我討論高中後的出路問題。三位同學的學業成績一般，不約而同都對中文或英文沒有信心，成績介乎 2 級至 3 級間，但他們都有清晰的學習興趣並希望升讀大學學位課程，所以心情特別忐忑。

我對他們説：「要『有書讀』在今時今日不是太難，近年本地公帑資助和自資院校的發展很快，適齡人口中現時已有約 45% 的年輕人能夠在本港修讀學位程度的課程；連同副學位學額一併計算，更有超過 70% 修讀專上課程。」

永誠：「45% 這麼多？」「對啊！學生人數下降了，這兩年的文憑試考生人數都是 50000 多。大學資助委員會資助的學位，加上指定專業 / 界別課程資助計劃（SSSDP「資助計劃」）的學位加起來超過 18000，連同幾千個本地院校辦的自資學位課程，相信高中畢業生考到 33222 成績就有機會入讀本地學位課程。此外，還有給副學位畢業生銜接的 5000 個的高年級學位課程名額，使整體學位就讀比例上升。你們還有一年時間才考文憑試，盡力而為吧！對症下藥，中英文成績達 3，可走的路就多很多。除了在本地升學，海外升學也是不少同學會考慮的方向，你們的想法如何？」

三個同學面有難色，原來他們都想過跳出香港，在不同的文化生活學習，卻面對不同的限制：永誠對台灣的海洋生態及林務課程有興趣，也是本地大學少有提供的選擇，但媽媽不想他離開香港，雖然他英文成績難達3級，就是讀副學位或高級文憑也可以。子善和明慧對商業類課程較有興趣，但中文是弱項，家庭經濟條件所限，到英美澳加等地升學談何容易。

向永誠進一步了解過，他明白往台灣升學，回港發展的話就得經個人學歷評審。但他對學科認知清晰、也做好資料搜集，以一線的國立大學為目標，我也支持他繼續與家人溝通，帶他們一同出席相關展覽和講座，希望父母漸漸改觀，放手讓他嘗試申請。

與子善和明慧言談間發現，她們分別對日本和韓國文化十分熱愛，雖然沒有正式學日文或韓文，但不要輕看年輕人的熱誠，拜日劇韓劇的風潮，她們可以不用看字幕而聽得懂對白，也能說日常用語。

我問：「有想過到日本或韓國留學嗎？」子善說：「我的日語只夠旅遊用罷，大學學科我怎能應付？」「日韓兩地部分有名聲的大學，近年都積極發展以全英語授課的國際學位課程，雖然這類課程的選擇較少，但國際學、商業學都必在其中。不同的大學收生要求不同，但可以英語考入學試或只須以英語面試加上現時校內成績，對你們來説未嘗不是另類選擇！還有，學費連生活費都是可接受的，上星期我參加一個韓國大學的國際課程講座，被政府評為A級水平的大學，學費連生活費算回港幣每年才約六萬多元，是你們可承擔的。不如給你多一些資料？」

是否要海外升學？

之後永誠、子善和明慧再約我討論海外升學的可行性，我設計了一個簡單的框架，與他們分析兩個重要的考慮因素，列出數個海外升學地區作參考（見下圖）。往海外升學，不應被視作「水泡」，而是一個學習和生活的可能性選項。香港學生的優勢是英文水平不俗，任何地區的大學大專課程中，以英語授課的都可以選擇；另一重要考慮，是學費及生活費支出，很有可能由整個家庭來承擔，在計劃時須與家人共同商議及部署。

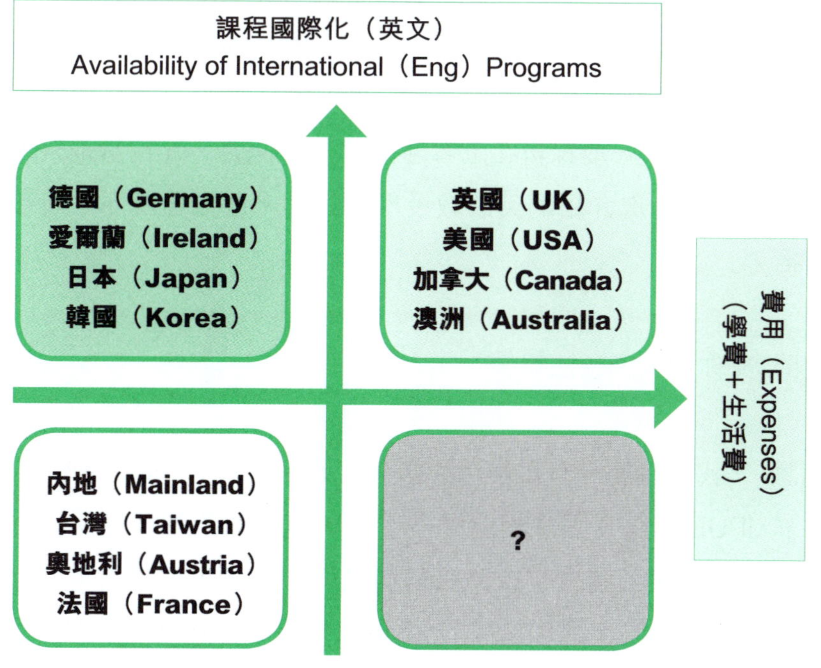

永誠：「為什麼內地、台灣竟然與奧地利和法國同一組？」我回應道：「對，奧地利和法國都是歐洲國家，在我們意識裏算是『西方』和『國際』吧。其實不少歐洲地區的大學都以當地語言授課，像奧地利的官方語言是德文，不諳德文的，只能選擇有限數量以英文授課的課程。雖然歐洲的生活費不便宜，但入讀公立學校不用學費。至於台灣和內地，課程以中文為主，選擇非常多，學費和生活費加起來可以比在港生活更經濟，但對那些希望繼續以英文學習，或藉留學見識西方文化的年輕人而言，可能不合適了。」

明慧：「我上網找過日本留學的資料，發現原來至少有三種不同的方法：通曉日語的可報考 EJU（日本留學考試），然後以成績報考個別大學，或先考以文憑試課程為本的日本大學聯合學力測試（JPUE），獲大學取錄再在港專注修日語六個月，才往當地升學，也有老師你上次介紹的英語教授學位課程。選擇多反而令我難以取捨。」

我問：「你個人的想法呢？」

明慧：「我的日語只有日常溝通水平，難以應付大學課程吧！我會嘗試 JPUE 考試，因課程選擇多一點，有理想的取錄結果就修六個月的日語。上屆有一位師姐就循這途徑入學，她說密集課程好辛苦，要全天候上課『惡補』，但現在她很享受那邊的學習生活。

同時也會申請個別院校的國際課程，入學後才慢慢學好日文。無論如何，生活就要説日語，到了那邊總不能空手而回呀！」

「説得好。選擇到外國升學，就是要『登高．望遠』，不單要拿一個學位，無論在當地語言、環境、文化和歷史，以至哲學思維，都是寶貴的收穫。無論將來在哪裏工作生活，用幾年青春的光陰走出固有的小天地，是很有價值的。」

赴台升學

永誠對資訊科技和工程科學都有興趣，幾次諮詢討論後，他和同學都做了資料搜集，再約我小息時面談：「我參觀過台灣升學展，也出席海華服務基金的講座，選擇真的不少。但近日又聽另一位升學就業輔導老師説，台灣的學位太多，學生人數不足，部分大學有機會『退場』或與其他大學合併，叫我很猶豫。就算我就讀的院校沒問題，這會否影響將來回港升學或工作的認受性？」

我説：「這是一個重要的問題，的確要認真處理。近年往台灣升學的學生人數不斷增加，根據教育局 2017 年文憑試畢業生出路統計，近 5000 名往海外升學的畢業生中，超過 1400 人往台灣升學，是各地區之首。學歷認受方面，海外升學畢業生都要以個人修業紀錄交學術及職業資歷評審局評估。依 2016 年數據，持台灣學歷而被成功評定有香港對等的學歷水平的，有 98%。」

永誠：「這數字理想嗎？」我給他看各地區評估數據圖表：「你看，與其他地區差不多。至於『退場』問題，的確值得關注。不過，香港學生報讀的院校較集中水平中上、為香港僱主知道的院校。台灣教育部已訂下退場指標，包括新生註冊率、學生人數、系所評鑑及校務評鑑，掌握這些資料，你也可以是升學輔導老師的學生輔導好幫手！」

跳出安舒區

初中開始已是歷史迷，升讀高中後，穎雯忠於自己的興趣，選讀歷史、中國文學和地理，也擔任歷史學會主席和辯論隊成員。中五下學期開始，學生會依升學及職業興趣每五、六位同學分組，由一位輔導老師或班主任擔任指導導師，探索未來路向，穎雯被編入我的小組。穎雯的分享，令我印象深刻：「自小就愛看書，起初什麼主題也看，對歷史人物和傳記比較有興趣。喜歡古埃及文明，是中一開始的，記得那次歷史博物館舉辦古文明大型展覽，歷史老師組織了一次參觀。我第一次親身接觸古埃及文明的展品，感覺好神奇，從前的人類生活的環境、語言文字、社會組織，都可從大大小小的展品中體現，又充滿極大的神秘感，因我們所知的太少。將來，我希望可在博物館工作，一方面鑽研學術，同時進行歷史文化的公眾教育。」

之後，穎雯留下來：「老師，我想到英國升學，家人也支持，但表明經濟上不可能負擔百多萬的學費和生活費。我可以申請海外升學獎學金，至少可減輕家人的負擔。」我即時在輔導室的電腦找了一些資料，着她開始做準備工夫。

我提議穎雯申請香港政府「香港卓越獎學金計劃」，如申請成功，每年最高可得獎學金 25 萬，也將獲配對友師，向一羣社會領袖學習。

第一步是得到英國大學有條件取錄資格。穎雯透過英國大學及院校招生事務處（UCAS）提交申請劍橋大學外，還有兩所知名大學的同類課程，後者取錄成績較劍橋低，但大學於全球排名都在一百位以內。這也是卓越獎學金計劃的條件之一 —— 申請人需入讀 Quacquarelli Symonds、上海交通大學、泰晤士報高等教育和美國新聞與世界報道，四個全球大學排行榜臚列的前 100 所大學院校，以及由美國新聞與世界報道公佈的全國文科大學排行榜臚列的前 30 所大學。

英國大學取錄學生，很重視個人自述（Personal statement），能否表述申請人對選修課程的興趣、真實的體驗、自發而持續對該學術領域的探索；不要樣版文章，也不要吹噓自大，學術表現比課外活動的參與和成就重要。我看過穎雯的個人自述，組織嚴謹、英文不俗，重要的是她清晰地展示她的學術能力：她點出對歷史及埃及學興趣的緣起、對該學術範疇的理解，她自學學校課程以外的相關知識，又爭取參與本地博物館學生義工計劃機會。

她將這些經驗連繫到文憑試歷史科校本評核的報告，從探究過程到成果，都説明了她對歷史學的熱情。

穎雯還須得到一位老師為她的英國大學及院校招生事務處申請寫推薦信；同時，獎學金申請也得有學校校長和老師的推薦。她找過我寫英國大學及院校招生事務處的推薦信，我卻另有提議：「英國大學取錄學生重視學術能力，任教你相關學科的老師，對你這方面的表現更能寫出中肯到位的描述。你可找歷史科陳老師，她也有過給學生寫推薦信的經驗，比我合適。至於卓越獎學金的申請，我可以幫忙。你給我們看看你的個人自述，推薦人也得了解你寫了什麼啊。」

陳老師與學校的升學輔導主任交流意見，給英國大學及院校招生事務處的推薦書上，説明穎雯用英語作為學習語言的能力，另就她校內的學業表現，評估文憑試成績（Predicted grades），篇幅最多的是老師寫穎雯於歷史科的學習表現和共通能力。

提交 UCAS 申請後三個月，穎雯興高采烈的來找我：「劍橋大學給我面試機會！」多麼為她高興，能有這機會已是她實力的明證！當然，準備面試又是一項挑戰。

穎雯可選擇自費往英國實地參加面試，也可以在香港與大學收生代表見面。她找我交請假信，因要遠赴英國的話，她須缺席一星期的課。穎雯是成熟的女生，做事目標清晰，卻不會過分樂觀或心存僥幸，懂得用一份願意冒險的探索精神面對未知數，是智慧。

她返港後，我找她了解當地的情況。「大開眼界！那幾天我與來自不同地區申請人一起，他們很自然的討論學術課題，好強的求知欲，也對我們選的學科滿有熱情，這與我在香港學校生活的文化完全不同。面試時，兩位教授與我面談，他們準備了學科的問題，我寫下重點再與他們討論。老實說，題目很難，雖與歷史有關，卻遠遠超過中學課程，也考我們的思辯和創意，不僅是對與錯的問題！我只能盡力而為。」

「無論結果如何，也是很深刻的學習經驗。與香港的大學面試不一樣，英國知名大學取錄學生時非常注重專科能力，還有學術研究的心態和方法；本地大學的面試一般較全面，只有部分課程以面試表現為收生重要考慮因素，多為參考指標。不過，經過這次磨練，將來的面試也不是問題吧！低你一屆的學生裏有兩三個都有興趣來年申請這類大學，待你完成文憑試後，幫忙分享過程和心得可以嗎？」

穎雯道：「我可以呀！早前也出席了一間本地大學的面試，雖然形式很不一樣，但同樣須作準備。他們會問我為什麼選擇 A 大學、而不選 B 大學的同一課程，也會了解學生活動的經歷和問一些社會議題。中四、五的師弟妹，都應該早一點知道！」

後來，穎雯雖然未獲劍橋有條件取錄，但另外兩所大學的申請都成功了，只要她文憑試的指定科目有 5 級，就可往當地升學。「無可否認，我是有點失望的。我也明白，沒有百分百成功的保證。」聽到她這樣說，我安慰她道：「感到失望是必然的，但作為老師，為你在整個過程的努力和表現感到自豪。另外兩間大學的課程也是一流的水準，塞翁失馬，焉知非福。」穎雯點頭道：「是的。讓我再選擇，我也會申請和到當地面試，否則我會不甘心呢！」

海外升學的考慮因素

以文憑試成績申請及落實入讀到國內及台灣升讀的人數約百分之十，箇中原因包括：

- 本地大學學位競爭較激烈，政府資助及自資學額合計，約三成半考生能升讀學位課程，普遍收生要求較國內及台灣知名又有實力的大學為高，把握兩地對港生免當地高考的招生優惠，對中游成績的港生而言有吸引力。
- 往兩地升學的學費連生活費，都比在港升學便宜；政府對往內地升學的港生提供資助，如加上不同的獎學金，基本上可免費供學生讀至畢業。
- 部分港生期望透過往兩地升學，特別是內地，熟習經濟、生活文化，建立人脈網絡，為他日往國內發展事業作準備。

不少家長對讓子女到兩地升學仍有疑慮，包括教學語言、生活文化差異、地域距離等，都可以理解。有家長和學生擔心學歷在港的認受性。其實自回歸以來，所有在海外取得的學歷，如要獲本地政府承認為等同在港同等學歷的水平，學歷持有人都得以將個人學歷紀錄交香港學術及職業資歷評審局（HKCAAVQ）評估、通過，無論英美澳加、內地、台灣，都沒有例外。當然，同學選擇到海外升學前，須仔細了解院校及課程的水平，找一些過來人諮詢意見，才作抉擇（可參考 http://www.hkcaavq.edu.hk/en/main.asp）。

我不反對香港學生往海外升學，但家長和年輕人要作知情的選擇（Informed choice），也須釐清不同決策因素的影響。例如「回流升學」：不少家長和學生都認為往英國讀中學，然後以普通教育證書（GCE）、國際中學教育普通證書（IGCSE）成績，以非聯招途徑報讀香港的大學，會得較高的取錄機會（這與於本地中學選讀國際文憑大學預科課程〔IB〕有異同工之妙）。是耶非耶？且看一下數據：

根據教資會的本地大學「第一學年取錄本地學生入學資歷」數據，整體而言，以非聯招入讀資助學位課程的佔總學位數字兩成，其中不足一半（即約 1300 人）藉其他考試成績入學。比較各大學情況，除教育大學以外，所有院校皆將八成或以上的學位分配予聯招申請人（既文憑試考生）。從「機會」而言，文憑試畢業生獲分配有較多學額；浸大、中大、港大的非聯招取錄學生當中，有較多持其他學歷，其他院校則較多取錄副學位畢業生。

對部分家長和學生而言，「出走」往海外升學，是為了「回流」——指以非聯招途徑入讀本地大學學位課程。常有家長以為非聯招入學的機會較高。以大學教育資助委員會的數據推算，文憑試畢業生考入學位課程的機會，相對海外升讀中學課程並應考其他國際認可考試，或於本地學校報考國際文憑大學預科課程或GCSE的機會更高（General Certificate of Secondary Eduxation中等教育普通證書）。浸大、中大、港大的非聯招取錄學生當中，有較多持其他學歷，其他院校則較多取錄副學位畢業生。因此，家長和學生都勿以為往海外升學是回流入讀本地學位課程的捷徑！

不過，以上數據只反映各大學收生整體數字，個別課程取錄非聯招申請人的比例卻有極大的差異，以下列出部分根據過往數據，取錄非聯招學生高於普遍比例的課程：

城大：法律
浸大：音樂、會計、中醫及生物醫學、體育及康樂管理
理大：電子計算
中大：專業會計、工商管理、環球經濟與金融、國際貿易與中國企業、醫學、公共衛生、風險管理、建築、法學
科大：國際科研、環球商業管理
港大：建築、文學、牙醫、運動及健康、法學、醫學、護理學、社會科學、新聞學、環球金融及管理、工程

以上課程取錄較多非聯招申請人，並不一定表示他們給持其他學歷者較寬鬆處理，使文憑試考生失利。大學課程擇優取錄，無可厚非。以上現象，是反映學科的受歡迎程度——水漲船高，課程可選擇聯招和非聯招組別裏的最優異者。

教育局生涯規劃資訊網站（非本地升學）：
http://lifeplanning.edb.gov.hk

學友社網站：
www.hyc.org.hk

香港輔導教師協會

生涯故事

嘗試，不一定成功；不敢試，便與機會無緣

——張曜謙

英國格拉斯哥大學神經科學學系畢業、將進修挪威科技大學神經科學碩士

張曜謙（Hugo）是我最後一屆高中生物科的學生，與本書另一位生涯故事的主角譚家奇是同班同學，兩個小夥子是好朋友，一同在第一個課堂自發擔任我的科長。

Hugo 生於普通家庭，自小父母給他很大的自由，作大大小小的人生抉擇。在學校，他參與過童軍、機械人設計、管弦樂團、校際游泳比賽、風紀、圖書館管理員；在校外，自初中開始參加了創新科技學生會（ITSC）的活動：實驗工作坊、科技企業參觀活動及夏令營等，後來還成為學生會員幹事委員會的成員，參與策劃活動。對工程、數理方面漸漸有更深入的認識，受滿有抱負的科研人員所啟發。順理成章，高中選擇了理科。

非典型科學家

以為是一位年輕科學家的樣版故事？其實 Hugo 在學習的表現讓我們師長頗擔心的，他聰明又富好奇心，課後留下來提問的總有他的份，但卻未能認真做習作和應付測考，特別是他花大量時間「打機」，能否升讀大學課程也是個疑問。

中六的某節課之後，Hugo 找我，説想申請香港特區政府推出的首屆「香港卓越獎學金計劃」。我不想潑他冷水，但心想以他當時的成績，似乎沒可能成功，問他為何要申請，他很清晰的答：「我很想到英國讀神經科學，但不想給家人帶來太大的負擔，就是他們願意，我也不想。如果我得不到獎學金，我就不可能實現這夢想。」我佩服他的志氣和自覺，對他説：「好，我和學校會全力幫助你準備申請。我想你也明白，以你現時的水平，要得到獎學金很困難。我們可以一試，但你要應承我，要盡全力……」他當然答好。

故事自此的發展，卻又不是讀者預期的……Hugo 比以前努力了一點，但仍追不上所謂「卓越」的水平。文憑試放榜那天，我緊張地看他的分數 —— 要在本港大學升讀大概沒問題，但恐怕與獎學金絕緣了。

8 月，我收到升學輔導組同事的訊息，説 Hugo 成為當屆 78 位得獎人之一！我喜出望外，但也滿腦疑問……

學校邀請 Hugo 向全校學生分享這次經驗，他的分享成為學弟妹的鼓勵。他升學目標是蘇格蘭格拉斯哥大學神經科學，這是啟發自 2014 年流行的冰桶挑戰，主辦人為漸凍人症（又名肌萎縮性脊髓側索硬化症）患者籌款。Hugo 對生物科學很有興趣，他希望日後能有機會對尚有眾多謎團未解的人類大腦進行研究。為預備往海外升學，他上網找資料，了解各課程收生要求、未來出路、討論區評價、在讀學生意見；他主動找升學輔導組老師諮詢，也在需要時尋求實質的協助，包括撰寫推薦信、預備面試等。他找師兄師姐幫忙，例如在 Facebook 上找到在不同國家 / 課程就讀的師兄姐，再詢問有關詳情；中六時問過在英國、澳洲和台灣留學的師兄姐，也有向一些在香港八大讀書的師兄姐取經。

申請成功，他特別感謝升學就業輔導組的同工：「何老師、李老師提供了很多在聯招以外的升學選擇資料，將我眼界放遠到世界。在我提出要申請 UCAS & HKSES 後便一直鼎力協助，幫我寫 reference letter 和 HKSES 的申請信。許老師則不辭勞苦地為我修改 UCAS 的 Personal Statement，在 HKSES 面試前一天跟我在電話練習了近三小時，我們近乎猜中了所有在面試中考核的問題。班主任黃老師在通識剪報中用了 HKSES 作例子，讓我發現了這個政府的新計劃，也在中六這艱難時刻不停鼓勵我們不要放棄。」

幾位老師獲邀出席獎學金頒獎禮，看着這年輕人走上頒獎台，我們心裏好激動。

尋覓真愛

但如果讀者以為故事又如預期發展下去……

起初我在 Hugo 的 Facebook 看到英國 Glasgow 美麗的相片，就好羨慕；慢慢發現，照片的數量愈來愈多，拍攝的技巧愈來愈好，我反而開始有點擔心，這個好奇心爆表的年輕人，要完成學位才成，那是獎學金要求啊。轉念想，如這是他的抉擇，他找到事業的「真愛」，為何不支持呢 ?!

今年，Hugo 畢業了，還成功申請到挪威，跟隨神經科學大師級科學家讀碩士。我忍不住問他：「我看你是真的喜歡攝影，也有潛質。有沒有想過這可能是未來要走的路？」

他這樣回應：「起初這只是一個愛好。與香港不同，格拉斯哥是一個安靜的城市，所以我會更加留意環境：公園、歷史建築、塗鴉、藝術作品、音樂、風景、植物、動物等，它們很漂亮，並引起了我用相機捕捉它們的慾望。我開始用手機拍照，並與朋友分享。我設置了一個 Instagram 專頁，上載我的『比卡超 X 風景』玩具照片，怎料這些照片吸引超過 10000 的粉絲，其中一張照片被寵物小精靈公司的官方 Instagram 重新發佈！我的 Instagram 獲格拉斯哥本地報紙 *Herald Scotland* 推薦，大學官方社交媒體團隊也對我的照片表示讚賞，並在社交媒體專頁上分享了這些照片。

這讓我開始認真對待攝影。我用暑期實習賺來的薪金買了我的第一台數碼單反相機，開始鑽研拍攝技巧……

這兩年，我曾為格拉斯哥大學、超過十個不同組織、餐廳和社區活動擔當義務攝影師，還加入了大學報 *Glasgow Guardian* 的攝影團隊，為他們的新聞文章配上照片。格拉斯哥大學的獸醫學生學會和創行企業家協會 2019 年的日曆中使用了我的照片。我還開始為朋友拍攝肖像、情侶照和畢業照片。

未來，我仍會向腦神經科學的夢努力。我能獲碩士課程取錄，其中一個原因是我連續兩個暑假在香港科學園和大學的實驗室實習，認真的學做研究⋯⋯放心，我還在堅持我的初心。

至於攝影，可能會在返回香港時從事一些自由攝影工作吧！攝影對我來說是一個很好的工具，讓我結識新朋友、發現新的地方。」

誰能料，故事將如何發展下去⋯⋯

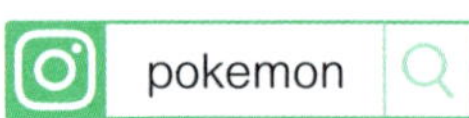

Glasgow Guardian：
https://glasgowguardian.co.uk/?s=Hugo+Cheung&issues=0&cat=0

第十課：
人生是歷奇 Life is an Adventure——大專生活與擇業

大學生活不似預期？

對不少家長和年輕人而言，小學的目標是升讀第一組別學校；中學的目標是拿取優異的公開試成績，升讀大學——目標為本，學術成就決定未來的機會，我們將「入讀大學」作為年輕人中學後的唯一成功指標。但為什麼要讀大學？只為取得一張文憑投身職場而已？幾年的大學生涯裏，對自己有什麼要求？家長有何期望？社會的期望又如何？都是我們鮮有探討的問題，值得深思討論。

1. 中學生轉型為大學生的適應

由他律到自律。中學教育着重有紀律的羣體生活，學生要穿校服，校方對行為操守、儀容打扮大都有清晰而偏向保守的要求。年輕人都有反叛的心態，中學裏高度規律化的生活對好些年輕人而言是一種抑壓，我們能夠理解他們渴望自由。但在中學的環境裏，師生關係、價值教育以及個人成長情緒輔導支援等，給學生強大的安全網，在培育年輕一代的價值、信念和態度方面，功不可沒。

大學教育不是中學教育的延續，而是一個截然不同的生態。大學教育的目的，是栽培一班在專修學術範疇裏持續學習和發掘知識以解決問題的人，強調大學生在學術以外的範疇有自學和自發的能力和態度。加上一直以來，以大學為精英教育的心態，我們假設大學生，就自然具備足夠的能力安排個人生活、駕馭學習的挑戰，並能善用極大的自由。

就是對往日少數的精英學生而言，由他律到自律的調適已很不容易，單是適應自主學習（選科、上課、善用圖書館資源等），就要花上至少一個學期。今天的大學教育已漸趨普及，挑戰來得更大。今日不少令人關注的大學生問題，一定程度源自年輕人無法適應、或拿捏不準自由的界線。

2. 目標和價值模糊

這個家長和師長都有責任。年輕人自小被灌輸「要成功就得讀大學」的想法；進了大學，少部分年輕人會「解放」，做盡以往不許做的；有些繼續用「實用攻略」拿高分，不知什麼是誠信、責任，抄襲功課、出貓作弊，也是手段。這類大學生不是主流，但他們足以腐化原來自由的知識殿堂，其負能量對沒有堅定心志的朋輩不無影響。

但我還是羨慕今天的大學生，對他們有期待的。不少大學生在今時今日仍負起知識分子的責任，投入於不同的羣體，關注社會政治事務，監察政府商界，無懼權貴，為公眾發聲。對我們這羣上一輩而言，有時候他們表達的言論和手法會過分激烈，我們未必認同；但這正是每一代大學生獨享的青春、勇敢和自主。我們的社會需要這些聲音。

今天的大學生，比上一代的大學生有更廣闊的視野、更多放眼世界的機會，包括海外交換生計劃、專職實習、跨境及海外交流等，使本地學生也能接觸多元文化、實踐所學，積累更豐富的學習和生活體驗。大學在這方面花了不少心力和資源，值得社會人士多加支持。年輕人是否能把握這些機會，視乎他們的心態和能力。曾與一些有當交換生經驗的年輕人談過，有的在那半年或一年的時間裏，體驗了環境文化和價值的差異，從而對香港人奉為金科玉律的中環價值有所批判；有的與國內的精英學生分子接觸過後，驚覺自己在很多方面都不如人，決心發奮；也有的只當交流是旅行、交朋結友的機會，沒認真修過多少學分。

家長要完全放手？

曾聽過一個真實個案，有家長擔心女兒入住大學宿舍的環境，親身到場視察打點，着外籍家傭協助搬行李，還因宿舍房間面積狹小，不滿未能安置外傭同住，向校方投訴！

以上的典型怪獸家長個案，都只是極端例子，供大家茶餘飯後當笑話分享。

普遍的情況，家長都明白子女升讀大專，是放手讓他們到外面世界去闖的時候。擔心他們的適應、學業和生活自理是很自然的，但可以做的不多。在歐美國家，子女升大學代表他們從此要離開父母，獨立生活了；香港的情況不同，離家最遠的大學車程只是一個多小時，大學宿位供應緊張，多數年輕人還得與家人同住。子女在家的時間，父母給他們多一點湯水，保持溝通，適時製造一家人相聚的機會，表達對子女的支持和關心，已是很理想的了。

更重要的，是給子女打好在價值和生活技能的堅實基礎，為他們在大學和職場闖盪作好準備；準備工作由他們年幼時，就要開始，到他們進入大學時，你已沒有什麼機會做了。

從小開始就要培養的好習慣

先談價值觀。有時侯我們會有錯覺，教導子女「走精面」、不要吃虧，他們將來在職場會好過點；又或部分家長太溺愛子女，不忍他們受苦或半點責備；又或家長已完全失去作為教導者的能力，反過來視子女為主子，任由擺佈……總而言之，很多父母對一些基本道德價值的行為，如對師長同輩無禮、言行粗鄙、抄功課、作弊、説謊、遲到早退、隨便缺席，我們的底線愈退愈低。近年在中小學，學校和家長因處理學生這類負面行為持不同意見而常有衝突。不是要將責任都往家長身上推，但為子女着想，就得有所堅持，要求孩子做好本分，從心底認同正面的價值，對他們以至社會的未來，也有好處。

另外，也要提升年輕人的生活技能，如人際和自我管理能力、與與習有關的能力（例如，自學），這必須家校合作無間，對教育的方針策略有共識，不時交流，了解孩子的進展及需要，攜手幫助孩子；孩子在家和在校要服從和學習的，儘量一致。

就大專生面對生活技能的挑戰，有兩方面在中小學教育和家庭教育須加以關注：時間管理和財務管理。

時間管理：訂定優次和取捨，在前幾課已談過這問題；在初中階段給子女多點自行分配時間的機會，家長從旁協助檢視成效和修訂計劃，是學習時間分配的入門工夫。

財務管理：這是頗複雜的問題，我們時有聽聞大學生申請多張信用卡應付個人消費，因而欠下巨債，也有學生股神大起大落的真實個案。不少中小學已察覺到過往欠缺這方面的教育，近年已漸漸將財務管理課題引入週會或班主任課。

家長應由小學開始，灌輸量入為出的原則，也要給子女適當的機會學習運用他們的零用，包括如何儲蓄，分配金錢以至個人消費；不妨與子女交代家庭收入支出的情況，讓他們早有觀念。認識一位朋友，對子女的教育十分嚴格，女兒以極優秀的成績入讀大學收生要求最高的學科。但原來女兒到中學畢業為止，都沒有零用錢，母親每月將訂飯盒的錢直接交校務處，更直接替女兒增值八達通卡。雖然難以置信，卻真有其人其事。我對女孩升大學後的境況，有點擔心……

青年工作告白

工作是什麼？職業是什麼？少年不識愁滋味，未曾踏足職場的新生代，絕少有工作經驗，投身職場是遙遠的事，他們會有什麼想法？我們又是否關心他們的想法？

「我會想在職業上幫助人解決問題。我有手有腳，為何不可以用自己的能力去幫人？」

「我覺得……可能我膚淺啦……工作，好聽點就叫『職業』，難聽點就如『打份工』。」

「工作和職業都要是自己鍾意的，那才會做得開心。」

「工作是你喜歡或不喜歡也可以做的，職業是要喜歡又有興趣才去做的。」

「工作是一些自己好想好想去做的事情，不會計較有多少錢，而你會享受去做的；職業是一個好多規限的詞語……」

「職業是一個方法、一種方式，去找自己想做的。我不可以這麼自私，只要自己活得開心就夠，有能力的話我一定要幫人，因為這樣會令我覺得自己生存有價值。」

香港輔導教師協會與《突破書誌 breakazine!》合作的《未來工作想像指南》，邀請一班職人、家長和年輕人拍攝了一系列的「告白」，將心底話藉影像與身邊人分享。生涯規劃不是考試課程，對工作和職業的定義和理解沒有標準答案，但對工作、職業，工作與社會的關係，中學生也有以上的想法——沒有好高騖遠、遙不可及又夢幻式的陳述，有的是比我們想像更現實、「不離地」的概念。

那他們希望父母給他們的未來送上什麼説話？

「我唔開心、好迷惘的時候，好想家人為我打氣，我咁大個仔其實沒有聽過家人同我講這些説話。我好想家人同我講：『你去做想做的事吧，我會支持你！』」

「家人好少同我講好支持我的説話，但如果要講，希望他們會叫我不要放棄，做好我要做的。」

「我好少同父母講我想做什麼……但如果父母想鼓勵我的話，我……想他們對我説：『阿仔，你一定得嘅』。」

「有時他們會以責備的方式指出我的問題，雖然他們的方式比較難接受，但都是為我好。不用做太多，只要在我身邊陪着我就可以。」

很真摯、很感動的告白。原來，「未來」這話題，在父母和子女間討論分享的機會是這麼少。站在通往「未來」分岔路口的年輕人們，還是很想很想聽到父母説：「我支持你！」

職場新手——確立一生受用的品格、價值、態度和人生願景

好幾次遇到負責人力資源和招聘的朋友，都會好奇問：「你們機構招聘人才的準則是什麼？海外留學生會有優勢嗎？大學 GPA 和公開試要有突出表現嗎？」

得到的答案會因應行業的要求而略有出入，但共通點是：能通過初步甄選，有面試機會的話，態度決定一切。

機構招聘員工，絕大多數不會要求年輕人已掌握他申請職位所需的知識技能，入職後有在職培訓，也有很多技能不能靠書本而得累積經驗。不是説學歷不重要，因為現時各行業的競爭實在激烈，僱主往往要定一些基本要求，才能從幾千位申請人中選出部分進行面試，也有些加上筆試，用以評估申請人的潛質、性向是否切合該行業，或用以評估申請人的共通能力、語文水平。所以，成績、個人背景等，是第一個關卡，但卻不必是關鍵的因素。

僱主邀請申請人進行面試，雙方也付出了寶貴的時間和人力物力。僱主不會花時間見「零機會」的申請人，所以年輕人要抱積極的態度，不能輕忽每一次機會。面試裏，申請人不會給每一個問題全對的答案，有些僱主甚至會刻意問一些天馬行空的難題，目的是觀察申請人在回應時所表現的思考能力，以及面對難題時的心理質素。

怎樣的工作和處事態度最受欣賞？勞工處「青年就業起點」曾推出一項名為「Mr. WORK」的青年教育計劃，目的是給年輕人了解和體會正面態度的重要性。「青年就業起點」在設計計劃內容前，參考了多個本地僱主和機構的意見，了解他們在招聘和培訓員工時遇到的困難，最後將內容整理成四大工作價值和態度：

1. 守時；
2. 尊重上司（我認為不單要尊重上司，還要尊重合作夥伴）；
3. 誠信；
4. 盡責。

很簡單？但就是不容易啊！遇到有這些特質的年輕人，僱主絕不會輕易放過的。

進入職場——尋回真我？

什麼是願景？如果我們鼓勵年輕人不要走別人預設的「捷徑」，忠於自己所想的，是否戲劇性地大團圓結局？

有一次聽台灣輔導學會的大師金樹人教授分享，解釋「願」——由「原」和「頁」兩部分組成，「頁」的古字解頭部，與頭和面有關；

「願」，就是我們原來的面貌，本相（簡體字「愿」，意思也相近，是「原」和「心」），尋找願景，就是要重現原來的「我」可以為個人、羣體和社會成就的。

《作死不離三兄弟》這齣電影最能説明「願」的智慧。三個小時的電影，我與女兒一起看，離開時拭着眼淚笑着討論當中的意義；之後想起身邊的一些人，熱切推介朋友去看，希望他們得到啟迪和釋放。

男主角擁有過人的天分，不受制於出身寒微的背景，熱愛學習，也不住挑戰不求甚解只求分數的大學教育。結局他憑藉發明天才，既能賺錢也能以教育服侍低下階層的兒童。男主角的價值觀和態度，啟發了身邊兩位好朋友。兩人成績惡劣各有原因，共通點是來自家庭的沉重壓力，家人的期望，使他們不能面對自己真正的需要，學術表現強差人意，在以精英教育和競爭為傲的工程學最高學府，他們毫無自信可言。

片中令我很深刻的一幕，是其中一位兄弟的攝影才華得到肯定，有機會跟隨世界級大師工作，但工程學位畢業在即，他第一次鼓起勇氣向父親坦白，希望父親諒解自己的事業抉擇。父親多年的心願落空，極度失落，兒子一句話終於打動了他：「當攝影師我可能沒有舒適生活過，也不會成為富翁，但那是我不會後悔的人生。」父親退回新買的電腦，給兒子添置新相機，父親、母親、兒子三人相擁而泣，一家人同心面對前途的未知數。

有人問：「做自己喜愛的職業，就能保證會成功嗎？」當然不是！能否在工作上取得成就，還有很多不由我們操控的因素，包括個人在該工作範疇的能力、處事態度、際遇，但可以肯定的是，如果一個人從事他根本力有不逮或討厭的工作，成功的可能性一定更低。

給同行者——探索工作世界不是畢業後的事

升大學後，老師、家長對子女的生涯抉擇的影響已很有限；成年的子女，從此要為自己的人生努力和負責。同理，在子女要踏入工作世界的時候，同行者也只能在背後默默支持和祝福。有些父母長輩對年輕人疼愛有加，希望幫上一把，例如有父母或家人會要求與年輕人一同出席面試，甚至致電僱主質疑其子女何以不獲聘用等。也許家長的行徑都是出於好意，或他們心知子女能力不足，但這種「好心做壞事」的方式，不但嚇怕僱主，子女不好受之餘也可能愈來愈依賴。

女兒一、兩歲的時候，對母親每天早晨的離別都以哭嚷回應，我盡可能用她能明白的語言重複交代和安慰：「媽媽要返工……不能遲到啊！要賺錢買給你吃……乖！我放工就回來……」女兒不捨我離家上班，我的回應正給她上了「何謂工作」的第一課：「工作」是我的另一個重要角色，甚至佔去我白天的大部分（所有！）時間；工作發生在「家庭」以外的場景；有工作才有薪酬，薪酬回報是我們照顧家庭、供養父母子女必須的……這些與工作有關的觀念，沒有標準答案，也不必然是子女長大以後的普遍共識，但潛移默化，影響深遠。

要他日能安心放手，還是那一句：從小做起。

1. 培養敢於嘗試的心態

踏入職場，起步時所遇到的失敗、被拒絕的次數可能比年輕人出生以來經驗過的挫折總和還要多。保持敢於嘗試，從失敗中汲取經驗，保持盼望的心態，總有成功的機會。

這是我很多年前在兒童話劇班聽詹瑞文先生演講而得的啟發，至今仍不時想起這有智慧的話。就以演話劇為例，在重複的練習裏，不斷鍛煉提升，改善過程中的不完美；面對觀眾，更須訓練出過人的自信和勇氣；投入角色，做好本分……個人以為，是很了不起的「其他學習經歷」！

2. 提供機會

機會，包括生活和工作體驗。不少學校已開始在初中和高中推動「與工作相關的經歷」，例如職業講座、工作體驗計劃、校友參與的師友計劃等，幫助學生認識不同職業，多了解工作世界的運作和要求，讓學生認識自己，思考未來發展方向。家長可多鼓勵子女參與有關活動。對人際網絡較佳的家庭而言，可動用的資源更多，子女有更多接觸不同職業的機會，如探訪和兼職。不過，要留意家長會否過分投入，由兼職至長工都為子女安排一切，令年輕人不自覺間失去「往外闖」的勇氣。

近年接觸參與過由國際性非牟利義工團體AFS國際文化交流（AFS Intercultural Exchanges）交流計劃的本地和海外中學生，他們隻身到世界各地、不為香港人熟悉的城市，進行為期十個月或短期的海外交流，入住義務家庭與當地人生活、入讀當地中學，甚至從零開始學習異國語言。他們不是為到海外升學作踏腳石，反而要多花一年時間完成中學學業，但在外闖時培養的獨立能力，非常寶貴。

3. 學習承擔責任

職場不是像家庭或學校那樣的溫室，年輕人可隨心情喜好調節投入程度，做錯事有無限次補救機會 —— 無論任何工作崗位，不專業的態度不單是自己的事，同事會受影響、機構有損失、接受服務的對象或顧客也要受罪。

我有這麼一次經驗：香港輔導教師協會要推出《生涯地圖》第一版給學校教師使用，派發教材時發現當中一項資料錯了。我們印製了一批貼紙蓋在每本教材錯誤的位置上，以不俗的時薪聘請了幾位中五畢業生當暑期工，幫忙處理好幾千本教材。第一天工作過後，其中一位年輕人被投訴，我就接見她。了解過後證實她的工作態度真的不能接受，不但邊工作邊傾偈，影響其他同事，還不斷高聲投訴時薪低而工作辛苦；那我豈不是變了「無良僱主」？

我問她：「為什麼你會這樣投訴呢？」

她語帶委屈的説：「你們説我的工作是給每本書的第 50 頁貼一個貼紙，但書在紙箱裏面，我要很費力的開箱、拿書出來，又要將書放回去，與之前説的都不一樣。」

那刻我按捺着心中的怒火，也忍着笑回應她説：「那我是不是要付出另一份工資，聘請另一個兼職去幫你開箱，將每本書的第 50 頁放在你面前，由你貼上貼紙？」她無話可説，我接續道：「你還很年輕，明白你有很多東西要學；但這裏是工作的地方，每人都有自己的責任！」她只上了一天班，沒有再獲聘用。後來聽説，她在學校是個品學兼優的學生，會考還拿了六個 A ！

説她是「高分低能」也好，「公主病」也好，往後不在態度上改正過來，學好承擔責任，不計較，我真擔心她。

職場預備站

香港中學畢業生升學出路繁多，但這也漸漸造成錯覺，以為升學是畢業生的唯一理想選擇，對希望投身職場「打工」的，投以不以為然的眼光。事實上，由相對簡單的校園環境走進工作世界，就如受保護動物一下子要到野外求生，是極大的挑戰——與上司同事的人際相處、行業技能、工作習慣和態度的建立、與顧客的互動、面對投訴或批評時的心態和回應等。可以預期，沒有任何準備就踏上職場的話，有機會「傷痕纍纍」。

職場預備站，是為那些正準備進入工作世界，或因過去負面經驗的年輕人，提供入職前及入職初期支援。理想的預備站能提供個人化的輔導、跟進、職前 / 在職技能培訓、人際及軟實力培訓，以及與業界的聯繫及實習機會。更重要的，是年輕人在職場起步階段或面對困境時，能有專業支援作安全網，給予適時及適切的跟進和輔導。

以下網站能符合以上條件的計劃：青年就業起點（www.e-start.gov.hk）：由勞工處運作的 Y.E.S.（Youth Employment Start；青年就業起點）既是一站式的就業支援平台，也是實體的服務中心，於旺角及葵青的商業區設有兩個中心。服務對像為 15 至 29 歲青年人，無論是學生、求職人士、希望轉職或自僱的年輕人，成為 Y.E.S. 會員就可免費使用中心提供的服務，包括個人化擇業服務，如職業性向評估、個人諮商、面試體驗及個人履歷顧問服務，也可參加各類培訓和講座及大型招聘活動。

展翅青見計劃（www.yes.labour.gov.hk）：勞工處的青年職前及在職培訓計劃，也是一站式的支援及培訓平台，包括短期的職前預備課程、培訓津貼、一個月的工作實習訓練，6 至 12 個月的在職培訓及培訓資助，還有職業技能培訓，即學員邊學邊打工，完成計劃後，會得到展翅青見轉介給合適的僱主。計劃還有一些特別項目，讓年輕人對準個別行業需要，提升成功入行機會——最近的例子是「電子教．學支援計劃」，協助學員入職為學校電子教學助理，並有月薪 9000 至 11000 元；同步提供職前培訓、在職培訓津貼及在職支援。這計劃對求才若渴的中小學界和有志從事資訊科技行業的年輕人，可謂雙贏方案！

若想「邊學邊做」，即在進修個別專業的同時，在相關的職場「打工」，又可能嗎？「邊學邊做」的模式，在歐洲一些重視職業專才教育及培訓的國家如德國、瑞典都流行。香港近年也重新起動，職業訓練局就設有「職學計劃」（Earn and Learn；http://www.vtc.edu.hk/earnlearn/html/tc/about_us/about.html），結合有系統的課堂學習和在職訓練，提供進階路徑的同時，幫助年輕人投身人力需求殷切的行業。政府和參與行業將為計劃學員提供津貼、職學金和特定薪酬，讓年輕人學習專業知識和獲取穩定收入。

「職學計劃」有多個行業相關課程給中六及中三畢業生，以中六程度為取錄條件的課程選擇較多。以安老及康復服務計劃為例，中六畢業生於計劃的 24 個月期間，部分時間（每週兩天）於職訓局香港專業教育學院（IVE）修讀基礎課程文憑（安老及康復服務），學習層面包括：認識安老及康復服務、健康護理服務、社區照顧及支援服務、院舍照顧服務、活動統籌及策劃等；同步經循道衛理楊震社會服務處安排，首 12 個月受聘為護理員，及後考獲「保健員」資格並符合僱主要求可晉升為保健員，每月獲得僱主發放薪金 10000 元以上。一般年輕人對行業了解不多，甚至存有偏見；但隨着人口老化，未來公私營護理服務需求必會大增，對具有專業資歷和經驗的人才更是需求殷切。有心從事社康服務的年輕人，邊學邊做，從親身體驗了解自己是否合適在此行業發展，同時掌握一定的專業基礎和技能，一舉兩得。

另一例子為檢測及認證業計劃，為期四年，取錄條件為高級文憑入學資格。學員受聘於行業機構成為註冊學徒，首三年將獲僱主保送以兼讀形式完成高級文憑課程，每週於香港專業教育學院上課，進修內容包括建材、電子電器產品、玩具、兒童用品及家庭用品檢測及認證、實驗室認可及產品認證。培訓期間可獲發放「職學金」共 30800 元；同時，每月獲得薪金不少於 9000 元及平均 2000 元政府津貼。畢業學員將獲高級文憑學歷，月薪不少於 12000 元。檢測及認證業為優勢產業之一，就業前景理想。

行行出狀元
http://www.youth.gov.hk/tc/kaleidoscope
決定投身工作世界之先，可參考過來人的心得以至創業貼示，主角都是不同行業的資深從業員，對仍在學校的年輕人也有啟發性。

資歷架構及資歷名冊
https://www.hkqr.gov.hk/HKQRPRD/web/hkqr-tc/

工作假期計劃：http://whs.gov.hk
香港政府與新西蘭、澳洲、德國、日本、韓國及愛爾蘭等政府分別簽訂協議，為 18 至 30 歲年輕人提供邊旅遊、邊工作、邊體驗生活的好機會。

職業訓練局職業資料庫：職業興趣評估

本港的職業資料，暫時以由職業訓練局編寫的「VTC 職業資料庫」網上平台較完備。該平台搜羅香港數百項主要工作的資訊，包括入職條件、技術及能力、要求、職責和工作環境等，是輔助學生及在職人士規劃進修途徑和事業發展的工具。職業資料庫的內容不時更新，包含新興職業類別及相關的培訓資訊，以配合人力市場轉變，並以國際標準職業分類（ISCO）作參考，把香港的主要職業劃分為 12 個行業組別，以便使用者能更容易搜尋有關的行業資訊。

該網站有「職業興趣評估」部分，完成簡單評估，系統會連繫到資料庫中的相關職業，讓使用者了解與個人性向配合度較高的職業：

【相關資料可參考：https://occupation-dictionary.vtc.edu.hk/tc/career_assessment】

生涯故事

明天會比今天好一點點

—— 朱思雅

香港專業教育學院高級文憑課程畢業，將升讀理工大學電子計算學系

「明天會比今天好一點點。」這差不多是過去幾年每一次與思雅見面時，我都會對她說的話。

最糟的中學生涯

故事開始時，她剛升中四，朋友不多，在老師面前話也不多。她是校園電視台的攝影師，一週總有幾次要幫忙拍攝學校活動。學期中，我們知道她成為社工的個案——家庭起了突變，家庭的動盪持續了幾年。她和母親、兩個弟弟同住，母親要上班，思雅開始要分擔照顧當時未到一歲弟弟的生活；她得了重病，不時要間歇休學，復課時狀態不理想，追不上高中緊迫的課程，成績一落千丈，導致留級兩次。

心靈的傷痕要時間癒合，學習要時間逐步逐步去重拾，身體也要時間休養；好朋友升班了，在新的同學當中，她總感格格不入……那幾年，是她人生的低谷。

終於，她要畢業了，但未能完成學業的要求，也完全沒有信心去考文憑試，只能獲「完成中六」資歷。我約她見面，了解她離校後的生活。她在一片迷惘中，不知還可有什麼選擇，大多會依母親想法，白天在家附近的便利店打工，其餘時間就照顧讀幼稚園的弟弟。當時我想，這就是她的未來？我說：「今天你在便利店打工，也會學到一些技能。但十年後，單靠這些技能，能找的工作和選擇，也不會因時間而增多。照顧弟弟是重要的，欣賞你對家庭的承擔、對他的愛心，但十年後他長大了不再需要你貼身照顧時，你的下一步要怎樣走？」我希望她未來有選擇，解釋還有進修的可能，但她絕對有權選擇，也要評估自己的身體是否已準備好。學校在她離校前與家長會面，由升學輔導主任分析可行的升學或培訓方案；如思雅想嘗試，希望她的母親能支持，在照顧家庭的時間方面調動一下。幸好思雅的母親明白事理，同意讓女兒申請職業訓練局的一年制職專文憑課程。

再起步的日子，思雅和我們一班同行者都感忐忑，不知她能否適應、能否追得上、跟同學相處如何？她主修資訊科技，她考慮的是要從興趣和能力中取得平衡，她也得修語文課學分。職專文憑還有班主任制，對學生有較好的照顧。思雅的根底不差，學分修學模式也適合她，學期完結時，她以第一名畢業，還獲得獎學金升讀高級文憑課程。我們都為她感恩、高興，見證這位年輕人承受過一次又一次的人生重擊，對學習的信心幾遭完全摧毀，似乎最壞的時間真的要過去了。

流淚撒種歡呼收割

問題來了，她要選什麼主修？「如果完全按興趣來選擇，我會選擇與數碼音樂或多媒體創作課程。但以能力來選，我能想像得到，之後會讀得很吃力。此外，我不知道自己認知的與真實情況是否相符，怕最後發現與自己所想像的結果不一樣。我目標是修讀能接駁大學學位的課程。發展興趣不急於一時，最後還是按着自己的能力作選擇。」其實選什麼不大要緊，從她的話裏，我看到她自信、理性、有主見，往後的抉擇，相信她也能面對的。

現實世界沒有童話，環境不會一天內逆轉，自信、學習能力和抗逆力都是一點點鍛煉出來的。在修讀職專文憑和高級文憑的三年裏，思雅經歷過不少難處，有些最終也解決不了，但她每天都比前一天強壯一點點。高級文憑選了網絡安全作主修，如何保持成績優異也成為壓力，她覺得老師同學都理所當然地認為她要成為全班最好，有一次考試她只拿 88 分，就很失落 —— 真是一個反差！我認真的對她說：「我認為這才好，讓大家下次不會將你神化。要不然下次考試，你的壓力會有多大？」她想一想，覺得也有道理：「也是的。不然我會有拿 100 分的壓力，我受不了。」

思雅很怕說話，但會將心情寫在網誌：

> 「中學畢業的時候我是以為自己會死掉的，想到以後就不能繼續耍廢就覺得好悲傷啊，而且還要面對着未知的未來，也不知道將要一

起讀書的人是怎樣的，就覺得好不安。甚至還會覺得，以後我就是自己一個人了，以後覺得委屈的時候我又可以找誰聊啊。

可是，我身邊真的有太多愛我的人了，讓我受寵若驚。

我遇到太多對我好的人了，讓我感到好溫暖。

雖然我沒辦法好好地說出口，有時候會鬧彆扭，很不成熟，很愛說晦氣話，可是還是有很多人願意包容我，我明明就滿身缺點，為什麼還有人願意對我好呢？

不知道要怎麼傳達我的感謝，我能做到的事情也不多，能親手（親口？）做的事情也只有這一樣了（這網誌的上半部是一首她唱的日文歌）。

雖然唱得這麼差，還是請收到這首歌、聽見這首歌的你再包容我一次，收下我這份感激的心情，在新的一年也要請大家多多指教，繼續包容充滿這樣一個不足的我。m(_ _)m」

思雅渡過了不容易的十年。她要畢業了，下學年她會入讀理工大學資訊科技課程三年級。打從心底裏以她為榮，祝福她！

結語

生涯靠運氣，規劃有何用？
——運氣 VS 努力

一個紅色的萬字夾，可以創造出多少價值？那是一位加拿大人凱爾・麥當勞（Kyle MacDonald）的故事：他原本生活無甚方向，一天，忽發奇想，在網站開始「以物易物」活動，由一個紅色、普通不過的萬字夾開始，與別人交換雙方認為更有價值的物品。你相信嗎？他一年之後換回來的，是一間位處理想社區、一千平方呎的獨立屋！

過程是這樣的，由那萬字夾開始，他換到了一枝魚形的原子筆，接着依次序是門柄、燒烤爐、小型發電機、光管招牌加上一個酒桶、雪地電單車、一次境內旅行、小型貨車、一份唱片合約、一個單位的一年免租優惠、與某名人共聚一個下午、電動雪球擺設、一個電影角色，最後就是那所住宅，只須 14 次物件交換！很神奇？很羨慕？立刻想依樣葫蘆開始你的換物大計？

很多人都會羨慕凱爾的幸運，不勞而獲，並因而聲名大噪。細心了解凱爾換物的歷程，你便會明白他雖以換來一間屋為目標，但他非常重視參與、享受換物過程中結識新朋友，近乎探險的穿州過省旅程；他「成功」是因為他打破了之前漫無目的、一池死水的生活循環。這次成功的因素，是他的創意、富夢想和敢於面對「未知數」的精神。

Kyle 的故事，啟發了美國史丹福大學教授婷娜．希莉格（Tina Seelig）。她教的是創意與企業課，學生雖是精英，但要學的與大家沒有兩樣：將人生、事業裏大大小小不能避免的問題，轉化成激發創意解難的機會。她給每組學生 10 個萬字夾，或是一疊便利貼，目標是在限期內創造比原有材料更大的價值，其中一個成功的例子，一疊告示貼演變出全國心臟健康運動計劃，所創造的「價值」已遠超金錢的回報。

幸運可自控？

我們都以為，「幸運」是虛無縹緲、不由自我控制，甚至是「天生」的。

凱爾和婷娜的學生都有一般人所羨慕的經歷，可說是「幸運」的一羣，但了解前因後果，我們發覺「可自控」因素的影響力，不下於「不受控」的因素。英國學者理查德．懷斯曼（Richard Wiseman）曾就「幸運」（Luck has the power to transform the improbable into the possible.）進行了一項長達 10 年的研究，詳細分析和跟進了 400 位被公認的幸運兒或倒霉者。

結果，打破了傳統的想法：要「幸運一點」，性格和處事態度比先天的或環境的因素更關鍵。研究人員發現，幸運的人都有一些共同的特質，而倒霉的人要打破倒霉的規律，就是要一步一步建立這些能為自己帶來正能量的態度和習慣：

1. 給自己創造機會（Maximize chance opportunity）：幸運的人面對新的環境、新的社交圈子都表現得從容，給自己少一點壓力，多一點投入新鮮經驗或挑戰的勇氣，都可能帶來未可預計的機會；過於緊張個人的表現、不敢離開自己的安全區域，機會不會與你相遇。研究中的一個「幸運」個案，他跟自己約定，每到一個新場合，都得至少與一位不認識的與會者認識，讓他的人際網絡不斷擴闊。
2. 信任自己的靈感（Listening to lucky hunch）：在沒有違反社會法律和道德標準的情況下，不妨以個人的目標和夢想作行動，哪怕是別人看來沒有可能的、傻傻的、步幅很小的，都有機會為將來更重要的機會和成就打好基礎。
3. 培養正面思維（Expect good fortune）：多認識個人的情緒、思維傾向，盡可能打破負面思維對個人發展、作不同嘗試的窒礙。

4. 不被挫折打敗（Turn bad luck to good）：不同的人對同一件事情可以有截然不同的詮釋；面對逆境時，幸運的人會為事情沒有發展得更壞而較易收拾心情，再出發上路。奧運賽事的金、銀、銅得獎者對獲獎的自豪感相差多少？研究發現，得銅獎的自豪感平均比得銀獎的更高，因銀牌得獎者常有「我只是差那一點點」的飲恨！一件事情的好與壞，在於我們選擇的視角。

我是一個「幸運的人」嗎？大大小小的抽獎中，我從未得獎；小時候我一直為個人的出身、經濟狀況以至各種限制自怨自艾，雖然我不認為自己先天「倒霉」，但總覺別人比自己幸運。近年，當我重新檢視在學業、工作、家庭裏幾十年的經歷，赫然發覺自己其實是愈來愈「幸運」的。昔日的經驗、機會、我所認識的人、面對過的失敗、各樣的挑戰，原來都在為我今天要努力的目標作準備。如此看來，我真要感恩。

至於剛畢業的中學生、大專生，在未來的日子，無論在學校或職場，會遇到很多難處，可以做的，是選擇以怎樣的價值和態度去面對。雖是老生常談，但從上述的真人真事，以科學化的研究來看，我們還是有令自己幸運一點的可能。

最後，要感謝十位「生涯故事」的主角，他們有我的老師、朋友、學生，也有生涯教育的夥伴。他們對我無比的信任，分享成長經歷的起跌，生涯抉擇的掙扎。他們的故事有血有肉，有笑有淚，但也因而格外觸動人心。人生沒有精心「規劃」，但他們都是堅強生命的見證人，安身立命，活出意義。

青年人是城市的未來

——裝備成為青少年的同行者

漂流少年——香港學生的快樂與哀愁

袁月梅

社會必須關心青年人的處境，並讓他們健康成長，絕不能放棄任何一個青年人。作者團隊調查超過一萬名中學生的心靈健康和學校及公民社會參與感的情況。本書節選 24 個故事，仔細看看這些青年人的狀況；並附研究資料，了解香港中學生為何快樂為何愁。

青年工作的 10 個啟示

梁永泰

新世紀的青年工作是什麼？
讓青年人參政、發聲、實習、試工、赴笈海外，這就是青年工作？協助青年人學業、事業與置業，就等如滿足青年人需要？如果青年人是社會的未來，我們需要新的青年工作眼光！

本書匯聚梁永泰博士 40 年的青年工作經驗，指出做青年工作要注意的 10 件事。這 10 件事是一般青年工作未必提及，尤其是社會及世界大環境對青年成長的影響，還有青年人的特質等。作者提出情景，讓讀者思考這些環境如何影響青年工作的方向和性質，並提出因應這個關鍵字下的青年工作策略，輔以突破的試驗，冀與青年工作者分享經驗，栽培下一代。

做自己的生涯規劃師

張文彪

生涯，原指人一生的年日，這個生涯下有兩大項目：職涯與學涯。生涯是指一生要怎樣過，而職涯則指工作年日，學涯則指學習生涯。作者指出人首先要確立自己的人生目標，他大概分為：為己、為人、為上主，人知道自己的目標，才能確立不同的標竿，也知道學涯和職涯要如何規劃。

本書以 9 課論述上述主題，總意是勸讀者要慎始，不確立開端，就無法好好走人生的道路。除確立也要不時評估、因時制宜，好讓人生可以向著標竿直跑，一生無悔。

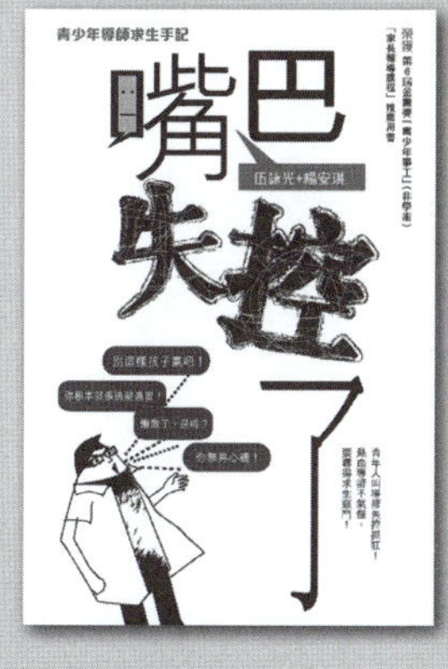

嘴巴失控了 —— 青少年導師求生手記

伍詠光　楊安琪

青年人叫導師失控抓狂！熱血導師不氣餒，要尋得求生竅門！

本書故事由真人真事改編，講述兩位青少年小組導師，在與青年人相處過程中上了 9 堂生命課。由最初一腔熱誠，稚嫩生硬，到學習處理各種青少年的奇難雜症。本書藉個案解構，向讀者分享處理方法，介紹青少年需要和狀況；還加上補給站，提供實際貼士。不過本書終極的目標，是鼓勵工作者反思個人生命，惟有自己成長才能帶領人成長。